AI와 생성 음악

인공지능총서

인공지능 시대입니다. 기계가 인간의 인지를 대신하고, 사물이 인간을 통하지 않고 다른 사물과 직접 커뮤니케이션합니다. 이에 따른 인간 삶과 문명 변화를 정확히 이해·예측·대응하는 것은 이 시대 우리 모두의 과제입니다. 인공지능총서는 인공지능 기술과 환경의 여러 주제를 10가지 키워드로 정리합니다. 관련 개념과 이론, 학계와 산업계의 쟁점, 우리 일상의 변화를 다룹니다. 인간과 기술의 현재, 미래를 세심히 분석합니다.

일러두기

- 인명, 작품명, 저서명, 개념어 등은 한글과 함께 괄호 안에 해당 국가의 원어를 병기했습니다.
- 외래어 표기는 현행 어문규정의 외래어표기법을 따랐습니다.

처음이세요?

전문가세요?

AI와 생성 음악

최영신

대한민국, 서울, 커뮤니케이션북스, 2025

AI와 생성 음악

지은이 최영신
펴낸이 박영률

초판 1쇄 펴낸날 2025년 5월 20일

커뮤니케이션북스(주)
출판 등록 2007년 8월 17일 제313-2007-000166호
02880 서울시 성북구 성북로 5-11
전화(02) 7474 001, 팩스(02) 736 5047
commbooks@commbooks.com
www.commbooks.com

ISBN 979-11-430-0092-7 03500

책값은 뒤표지에 표시되어 있습니다.

차례

생성형 AI와 인간, 미래

바야흐로 AI는 사회 · 문화 전반에 깊숙이 침투하며 거의 모든 분야에서 활용되고 있다. 한때 낯설게 느껴졌던 AI 기술도 이제는 익숙한 존재가 되었다. 이러한 변화는 특정 산업에 국한되지 않고, 우리의 삶 자체를 바꾸며 전통적인 사회 구조와 가치관을 확장하고 있다.

과거 아날로그에서 디지털로의 전환, 그리고 디지털 기술의 첨단화는 예술 발전에 새로운 도약의 계기를 마련했다. 특히 생성형 AI는 인간의 고유 영역으로 여겨졌던 창작 과정에까지 관여하며, 새로운 예술 형식을 등장시키고 예술 표현의 다양한 가능성을 제시하고 있다. 그러나 이러한 변화는 인간과 기술의 관계에 혼란도 불러일으킨다.

생성형 AI 기술은 전문성과 예술성, 독창성을 바탕으로 표현되던 음악 창작의 벽을 낮추고, 모두를 창작자로 만들었다. 디지털 플랫폼을 통한 생성형 AI 기술의 확산은 창작에 대한 접근성을 높여, 보다 더 많은 사람이 쉽게 음악을 창작할 수 있는 환경을 마련했다. 이는 과거

18세기 주사위 음악 개념과도 맞닿아 있다. 주사위를 던져 생기는 우연적 요소를 활용해 작곡하는 방식은 기존의 작곡 원리와는 달랐으며, 그 자체로 새로운 창작 방식이었다. 유희적 도구인 주사위를 통해 누구든지 쉽게 음악을 만들 수 있도록 하는 것이 주사위 음악의 목적이었다. 17세기 이후 기보법이 완성되면서, 작곡된 음악은 종이 매체인 악보 형태로 유통되었다. 초기에는 동판 기술자와 출판업자를 통해 필사본을 제작해 직접 판매하거나 일부 책방에서 유통했지만, 인쇄술의 발달로 필사본보다 인쇄본이 더 널리 보급되면서 음악 출판 시장이 점차 확대되었다.

당시 음악은 권력을 가진 지배 계급과 귀족의 전유물이었다. 또한 기존 작곡 방식은 작곡가의 음악적 이해와 경험을 바탕으로 이루어졌기 때문에 누구나 쉽게 접근할 수 없는 영역이었다. 그만큼 음악은 쉽게 향유될 수 없었다. 하지만 주사위 음악은 누구나 쉽고 즐겁게 작곡과 연주, 감상까지 할 수 있도록 함으로써, 음악을 모두가 향유할 수 있는 문화로 변화시켰다.

이로 인해 직접 작곡하거나 연주에 참여하는 아마추어 음악가층 또한 확대되었다. 이는 시대적 분위기와 사회적 상황, 기술의 발전이 서로 맞물려 삶의 방식과 인식에 변화를 가져왔음을 보여 준다.

현재 AI 기술은 인간의 창의성이 두드러지는 예술 분야에 활용되면서 음악을 작곡하고, 그림을 그리며, 글도 쓴다. 이는 단순히 데이터를 판단하고 분석하여 예측하는 것을 넘어, 새로운 무언가를 스스로 생성하는 생성형 AI의 등장을 의미한다. 생성형 AI는 인간과의 상호 작용을 통해 사용자가 원하는 결과물을 만들어 낸다. 기존 작품과는 다른 아이디어의 무작위 도출, 개인 사용자의 필요에 따른 맞춤형 제공, 나아가 취향과 선호에 따른 결과물 수정 등은 생성형 AI 기술의 수준이 날로 발전하고 있음을 보여 준다. 이러한 기술의 발전은 기술 간 융합을 통해 콘텐츠 창작의 범위를 확대했으며, 이에 따라 비즈니스 모델 역시 변화하고 있다. 또한 전문가가 아닌 일반 대중도 개인 창작물의 공유와 유통에 참여하여 경제 활동으로까지 이어 가게 만든다. 생성형 AI를 이용한 예술 창작과 다양한 콘텐츠 생산은 점차 대중과의 소통 방식에 새로운 전환점을 제시하고 있는 것이다.

기술의 발전은 미처 생각지도 않았던 것을 경험하게 하고, 삶의 모든 면에 영향을 끼친다. AI 기술의 사용과 활용이 확대되면서 점차 우리의 삶 깊숙이 파고들었고, 여전히 진행 중이다. 이러한 상황에서 우리는 질문을 던진다. AI 기술이 창작의 영역을 넘어 계속 발전하는 지금, 인간 창작자의 역할은 무엇이며 기술은 어떤 방향으로 나아가야 하는가?

인간을 나타내는 학명 중 도구의 인간을 의미하는 '호모 파베르(Homo Faber)'라는 말이 있다. 목적에 따라 도구를 제작하고 사용하는 것이 인간의 본성이며, 그 능력을 스스로 향상해 나간다는 의미다. 하지만 AI 기술이 가져온 수많은 논란은 인간이 가진 능력을 다시 생각해 보게 한다. 인간의 제어와 통제를 벗어난 상황에서 인간이 만든 AI가 또다시 인간을 만드는 역설적 상황에 직면했기 때문이다(손화철, 2020).

예술과 기술은 새로운 문화의 흐름을 일으키는 과정에 서로 뒤엉켜 존재하고 있다. 과거부터 현재까지 기술의 발전은 사회 전반에 걸쳐 혁명을 일으켰고, 그로 인해 예술의 창작에서 수용까지 모든 과정이 변화했다. 예술의 변화가 기술 발전과 함께 진행되고 있음을 부인할 수 없다. 이러한 흐름 속에서 인간은 기술을 도구적 수단으로 보거나, 반대로 기술이 인간을 지배하는 존재로 인식해서는 안 된다. 인간과 기술은 상호적인 관계 속에서 함께 더 나은 문화로 발전해 나가야 할 것이다.

이 책은 급변하는 AI 기술이 초래한 윤리적 · 도덕

적 · 제도적 문제 해결이 필요한 시점에서 구체적인 사례를 통해 기술 발전의 방향성과 인간의 창작 · 수용 방식을 탐색한다. 이를 바탕으로 생성형 AI와 인간이 협업하는 새로운 예술적 가능성을 모색한다.

책의 구성

이 책은 AI 기술이 대중음악 산업에 미친 영향을 생산 · 유통 · 소비 구조의 변화 속에서 살펴본다. 특히 생성형 AI 기술을 기반으로 한 생성형 AI 음악을 생성 예술의 범주에서 고찰하며, 그 개념과 정의, 특성을 탐색한다.

1장과 2장에서는 기술의 발달이 가져온 디지털 트랜스포메이션을 일시적 유행이 아닌 현시대의 중요한 사회 문화적 현상으로 바라보고 그 특징과 대중음악 산업의 전반적 변화와 의미를 분석한다. 특히 생성형 AI의 등장은 창작자로서 인간의 역할을 변화시켜 인간과 기술의 관계를 재구성하고 있다. 이에 따라 생성형 AI 음악을 중심으로 인간과 기술이 어떻게 상호 작용하고 있는지를 알아본다.

3장과 4장에서는 생성 예술이 하나의 예술 형식으로 자리 잡은 과정과 기술적 시스템을 통해 생성된 예술적 결과물의 의미와 특성을 분석한다. 5장과 6장에서는 생성 예술의 개념 속에서 생성 음악을 정의하고, 시대적 생성 음악의 흐름을 조망한다.

7장에서 9장까지는 생성형 AI 기술이 대중음악의 창작, 유통, 소비 방식에 미친 영향을 살펴보고, 10장에서 생성형 AI 기술과 인간이 함께 나아가야 할 방향을 제시한다.

기술은 인간의 삶에서 점점 더 중요한 비중을 차지하며 예상치 못한 방향으로 변화를 이끈다. 이러한 흐름 속에서 인간의 역할은 무엇이며, 기술의 미래는 어디로 향할지 고민해야 한다. 이 책을 통해 생성형 AI 음악이 보다 창조적이고 지속 가능한 방식으로 발전할 수 있는 방향을 모색하는 한편, 인간과 기술이 공존하는 미래에 대한 고민을 공유하고자 했다.

참고문헌

손화철(2020). 『호모 파베르의 미래』. 아카넷.

최영신(2023). 행위자 네트워크 이론(Actor Network Theory)을 적용한 생성 음악(Generative Music)에 관한 연구. 상명대학교 박사학위논문.

01
AI와 디지털 트랜스포메이션

AI 기반의 디지털 트랜스포메이션은 기존 사회 구조를 변화시키며, 새로운 감각적 경험을 통해 몰입을 유도한다. 개인 맞춤형 콘텐츠 제공이 활성화되고, 플랫폼을 중심으로 다양한 커뮤니티가 형성되고 있다. 이러한 생산과 수용 방식의 변화는 문화 감수성을 변화시키며, 그 영향력을 더욱 키워 나갈 것이다.

AI와 1인 창업?

AI와 디지털 트랜스포메이션

현재 우리는 AI, 메타버스, 블록체인 등 첨단 기술이 빠르게 발전하는 사회에 살고 있다. 이러한 기술은 인간의 삶 전반을 변화시키며, 이제 기술의 발전은 더 이상 수학이나 과학, 컴퓨터 공학에 국한되지 않는다. 특히 디지털 트랜스포메이션(digital transformation: DT)은 기존의 전통적 사회 구조를 변화시키며, 산업계뿐만 아니라 사회 전반에 영향을 미치고 있다.

우리 사회에서 일어나는 디지털 트랜스포메이션은 첨단 기술의 활용을 기반으로 한다. 클라우드 컴퓨팅, 인공지능, 빅데이터, 블록체인 등을 통해 일상의 디지털화, 자동화, 지능화를 추구한다. 특히 AI 기술은 미래 사회의 핵심 가치로 자리 잡으며 개인과 기업을 넘어 사회 전반에 적용되고 있다. 이러한 변화는 단순한 업무 프로세스의 개선이 아닌 경제적 · 사회적 상호 작용과 인간의 가치관과 구조를 개혁하는 확장된 의미를 지닌다.

디지털 시대에는 모든 정보가 빠르게 변화하고 무한하고 복잡한 정보가 끊임없이 생성된다. 다양한 분야의 기술 융합이 자연스레 이루어졌으며, 점차 그 영역이 넓어지고 방식이 가속화되고 있다. 과거 데스크톱 환경에서 모바일로 옮겨 왔듯, 모바일에서의 디지털 환경도 빠르게 전이되고 있다(이상인, 2020). 이제는 플랫폼과 소셜 미디어를 중심으로 콘텐츠와 서비스가 끊임없이 생산되고 있다. 수요 역시 폭발적으로 증가하고 있다.

이러한 디지털화는 자신이 원하는 방향으로 소통한다. 스스로 자신들의 선택권을 강화하거나, 수용 과정을 변형한다(이동후, 2021). 사용자 중심으로 변화시키는 것이 특징이다. 그 결과 더욱 다양하고 유연한 소통 구조가 형성되며, 디지털 사회의 개방성이 더욱 확대된다.

디지털화가 진행될수록 사회는 재귀성이 이루어진다(石田英敬, 2017). 재귀성은 모든 현상의 인지와 조작 기능이 서로 영향을 주어 상호 순환 관계로 이루어진다는 개념으로, 경제학에서 유래한 용어다. 빠르게 변화하는 기술과 매체가 서로 영향을 주고받으며 인간의 인식과 소통 방식을 예상보다 더 빠른 속도로 변화시키는 것이다.

그렇다면 사회 전반에 나타난 디지털 트랜스포메이션이 가져온 사회 문화적 특징은 무엇이 있을까?

새로운 감각적 경험의 몰입

기술과 매체의 발전은 인간의 감각적 표현성을 확장한다. 미디어학자 마셜 매클루언(Marshall McLuhan)은 매체가 문화를 향유하고 소통하는 방식을 결정하며, 대상에 대한 감각 방식을 급격히 변화시킨다고 보았다. 인간의 감각이 폐쇄적이지 않으며 경험 속에서 감각의 내용을 끝없이 서로 번역한다고 말한다(Mcluhan, 2011).

디지털 트랜스포메이션을 통해 현실과 가상의 경험이 결합하면서 인간의 단일 감각이 아닌 복합 감각을 활용하는 환경에 놓이게 되었다. 사용자는 높은 몰입을 통해 새로운 방식의 감각적 경험을 하게 된다. 메타버스 플랫폼은 이 경험을 대표적으로 보여 준다. 메타버스에서는 가상 현실과 확장된 실재성이 결합되어 시각 · 청각뿐만 아니라 촉각을 자극하는 신체적 경험을 가능하게 한다. 또한 태블릿 PC나 스마트폰의 발전으로 디지털 매체는 촉각적 자극까지 포함하며 시각 · 청각 · 촉각이 융합된 공감각적 양식으로 변화하고 있다.

유튜브나 틱톡 같은 플랫폼에서 움직이는 이미지와 소리의 결합을 통해 시공간 감각이 변화했다. 메타버스 역시 가상 공간에서 사용자의 적극적 참여와 행동을 유도한다. 시각적 · 청각적 감지 등의 신체적 경험이 가능하게 환경을 조성하는 것이다. 이러한 변화는 디지털화가 매체 간의 경계를 허물고, 콘텐츠의 조작과 변형을 쉽게 만드는 환경을 제공한 결과다. 이는 플랫폼의 대중화와 함께 새로운 방식의 콘텐츠 소비 및 향유 방식을 만들어 냈다.

특히 디지털 기술은 감각 기능을 확장하고 상호 의존적인 감각 경험을 형성한다. 과거 청각 중심의 음악이 시각적 요소를 추가해 감각의 확장을 가져왔듯, 가상 현실 기술의 도입은 사용자의 실재성을 더하며 신체적 경험을 강화하여 사용자에게 높은 만족감과 즐거움, 창의성을 선사한다. 이 경험은 디지털 환경 속에서 무한한 가능성을 제공하며, 주어진 자율성을 바탕으로 능동적으로 탐색하고 움직이게 한다.

인간의 감각적 행위는 기술과 점점 더 밀접하게 연결되고 있다. 이러한 환경에서 새로운 감각적 경험을 요구받는 것은 사용자들에게 낯선 일이 아니다. 사용자는 이미 디지털 환경에 적응하는 디지털 감수성이 높아졌고, 다양한 감각적 경험을 확장해 가고 있기 때문이다.

개인화 특성에 따른 콘텐츠 제공

디지털 트랜스포메이션의 핵심 특징 중 하나는 사용자 중심의 개인화다. '100명이 있으면 100개의 시장이 있다'는 디지털 환경에서는 사용자 개개인의 취향과 성향을 반영한 맞춤형 경험이 가능해졌다. 플랫폼은 자유로운 접근성과 높은 편의성을 제공하며, 클라우드 서비스의 발전은 정보 구축 시스템의 진입 장벽을 낮춰 소규모 기업과 개인도 쉽게 콘텐츠를 제작하고 운영할 수 있도록 했다. 이로 인해 개인 콘텐츠의 수요와 공급이 폭발적으로 증가했다.

디지털 개인화는 크게 맞춤형과 경험형, 표현형으로 나눌 수 있다. 먼저 맞춤형은 사용자가 작곡 프로그램과 음악 플랫폼을 통해 자신이 원하는 음악을 직접 제작하고, 스포티파이(Spotify), 애플뮤직(Apple Music), 멜론(Melon) 등의 플랫폼에서 개인 취향에 기반한 추천 서비스를 제공받는 방식이다. 이러한 맞춤형 서비스는 사용자에게 편리한 이용 환경을 제공하며, 신속한 접근을 보장한다.

둘째, 경험형이다. 누구나 손쉽게 콘텐츠를 제작하고 소비할 수 있는 환경이 조성되면서 개인 크리에이터와 1인 미디어 방송이 더 큰 힘을 가지게 되었다. 영상 제작의 진입 장벽이 낮아지면서 개인 스스로 콘텐츠를 제작하고 새로운 경험을 창출하는 기회가 늘어났다. 플랫폼은 이제 단순히 공개된 공간이 아니라 사용자가 원하는 콘텐츠를 경험할 수 있는 개인적이고 몰입적인 공간으로 변화하고 있다.

셋째, 소셜 미디어와 그 속의 아바타를 통해 자신만의 개성과 취향을 반영한 디지털 정체성을 구축한다. 현실의 나와 동일시되거나 완전히 독립된 인격체로 나를 표현하기도 한다. 조작이 간단하기 때문에 현실과 다른 모습으로 자신을 창의적으로 표현할 수 있으며, 다수의 이용자와 상호 작용하면서 독특한 놀이 문화를 형성하기도 한다.

기술의 발전과 사용자의 행동 변화는 플랫폼을 끊임없이 진화시키고 있다. 이에 따라 다중 플랫폼 환경에서의 경험적 디자인이 더욱 중요해지고 있으며, 개인의 창의성을 바탕으로 사람들의 공감대를 형성할 수 있는 콘텐츠 제작이 필요하다.

다가올 미래에는 사용자의 개인 맞춤 서비스에 대한 요구가 더욱 증가할 것이다. 이에 맞춰 개인의 패턴과 성향을 반영한 시대적 감수성을 활용한 콘텐츠 제작이 필수적이다.

플랫폼에서의 커뮤니티 생성

커뮤니티는 공통의 관심사와 가치를 공유하는 참여자들이 자발적으로 모여 형성한다. 따라서 친밀감이나 소속감, 협력 등의 요소를 특징으로 한다. 디지털 환경에서 커뮤니티는 네트워크를 통해 더욱 자유로운 소통이 가능하고, 시공간의 구애를 받지 않으며, 신속하게 형성된다. 기존의 지역이나 직업 기반의 연대에서 벗어나, 개인의 관심과 취향, 문화적 공감대에 따라 커뮤니티가 생성되는 것이 특징이다.

최근 디지털 커뮤니티는 플랫폼 내에서 이루어지는 다양한 상호 작용의 결과로 형성된다. 사람들은 커뮤니티를 통해 자신의 존재를 증명하고, 디지털 환경에서 사람들과의 관계를 형성한다. 디지털 환경은 시공간의 제약 없이 누구나 참여할 수 있는 개방성을 제공하며, 깊은 몰입과 재미 요소를 결합해 커뮤니티 활동을 더욱 활발하게 만들었다고 할 수 있다.

디지털 환경에서 사용자는 더 이상 수동적 소비자가 아닌 능동적 존재로 변화하고 있다. 스트리밍 서비스와 영상 플랫폼은 단순한 소비의 공간을 넘어 개인의 정체성과 취향을 담은 콘텐츠를 표현하는 공간으로 자리 잡았다. 이 과정에서 사용자들은 직접 콘텐츠를 생성하고 공유하며, 타인과의 관계를 자발적으로 확장해 나간다.

디지털 공간에서 형성되는 커뮤니티는 서로 다른 취향과 일상을 반영하며, 그 안에서 콘텐츠는 기호학적 창조와 변형을 거듭한다. 이는 동시대 문화 예술의 한 흐름으로 볼 수 있다. 또한 사용자는 특정 커뮤니티에 속하는데 머무르지 않고 필요에 따라 해체하거나 새로운 커뮤니티에 가입하는 유목민적 성향을 지닌다. 이러한 특성은 디지털 네트워크 환경에서 커뮤니티의 지속적인 확장과 재구성을 가속화할 것이다.

디지털 트랜스포메이션은 감각과 창의성을 확장하고, 사용자의 능동적 참여와 몰입을 기반으로 새로운 경험을 만들어 낸다. 디지털 환경은 창작자와 사용자 간 소통의 공간이자, 사용자 개인의 취향을 존중하고 개인 맞춤형 서비스를 제공하고 창작을 지원하는 공간으로 발전하고 있다. 특히 개인의 취향과 감성을 중요시하고 빠르고 편리한 자동화 기술, 그리고 다양한 방식의 소통은 디지털 트랜스포메이션이 가져온 새로운 문화적 현상으로 볼 수 있다. 이는 새로운 문화 감수성을 형성하며, 그 영향력은 점점 더 커질 것이다.

참고문헌

이동후(2021). 『미디어는 어떻게 인간의 조건이 되었는가』. 컬처룩.

이상인(2020). 『디지털 트랜스포메이션: 뉴 호라이즌』. 가나출판사.

최영신(2023). 행위자 네트워크 이론(Actor Network Theory)을 적용한 생성 음악(Generative Music)에 관한 연구. 상명대학교 박사학위논문.

최영신(2024). 생성형 인공지능과 대중음악 산업 구조 변화. ≪한국엔터테인먼트산업학회논문지≫, 18(9), 129-138쪽.

石田英敬(2016). *大人のためのメディア論講義*. ちくま新書. 윤대석 옮김(2017). 『디지털 미디어의 이해: 플랫폼과 알고리즘의 시대 읽기』. 사회평론.

Mcluhan, M.(1964). *Understanding media: The extensions of man*. The MIT Press. 김상호 옮김(2011). 『미디어의 이해』. 커뮤니케이션북스.

02
대중음악 생태계의 변화

대중음악 산업에서 AI 창작과 플랫폼 유통, 가상 세계와 가상 인물의 등장으로 이전과는 차원이 다른 디지털 트랜스포메이션이 이뤄지고 있다. 단순한 유통 방식이나 소비 형태의 전환을 넘어 플랫폼화가 지닌 문화 상품의 형식과 구조, 그리고 자본 구조까지 아우르고 있다. 이 속에서 창작자와 관계자, 그리고 대중은 긴밀하게 소통하며 지속 가능한 생태계를 구축해야 한다.

AI와 MBTI?

변화된 대중음악 생태계

과학과 기술은 우리 삶 모든 분야에 깊숙이 자리 잡고 있다. 사회 전반에 걸쳐 커다란 변화를 가져왔다는 것은 모르는 사람이 없을 것이다. 디지털 기술의 발전은 과거 아날로그 매체 시대보다 지식과 정보를 쉽고 빠르게 접근하고 공유하게 되면서 새로운 문화를 만들었다. 이는 문화를 수용하는 사람들의 수용 방식과 산업의 흐름 등을 변화시켰다.

대중음악의 역사 또한 기술의 발전과 밀접한 관련을 맺고 있다. 마이크로폰의 등장, 전기 증폭, 전기를 이용한 녹음 기술, 악기의 개량과 전자 악기의 개발, 스튜디오의 음향 기술 등 대중음악은 기술 발전과 함께 끊임없이 변화해 왔다. 또한 음악 제작, 홍보, 유통, 소비 등 전 영역에 영향을 주어 음악 산업 전반에 또 한 번 변화를 일으켰다. 현재는 어떠한가?

AI 기술의 도입으로 대중음악 환경은 급속하게 변화하고 있다. 생성형 AI의 등장과 확장된 플랫폼 서비스, 새로운 디지털 매체는 창작자와 연주자에게 새로운 기회를 제공하고, 이를 통해 음악의 생산과 유통, 소비 구조 역시 변화하고 있다.

대중음악의 산업 구조

대중음악은 대중에 의해, 대중매체를 통해 소비되어야 하는 상품으로서의 목적이 있다. 즉, 대중음악은 상품적 가치를 지녀야 한다. 이에 대중음악 산업 구조는 크게 생산과 유통, 소비 구조로 이루어진다. 개인 또는 소규모 생산 집단이 창의성을 기반으로 창작하면 유통하는 과정에서 창작물을 상품화하기 위한 2차 생산이 이루어진다. 2차 생산된 음악은 다양한 유통 과정을 통해 대중에게 전달되어 각자의 취향과 선호에 따라 상품화된 창작물이 소비되는 것이다. 여기서 소비는 단순히 상품을 구매한다는 개념이 아니라 개인의 문화적 표현이며, 삶의 질을 향상한다(류준호, 2014). 이 측면에서 음악을 소비하는 대중은 일반적인 수동적 수용자가 아니라고 할 수 있다.

일반적 방식의 음악 창작은 개인 또는 팀으로 구성된 작곡자가 자신의 독창성을 발휘하여 작품을 창작한다. 이후 작곡자는 가창자나 연주자와 협력하거나 직접 작곡된 곡을 구현한다. 음원으로 구현된 이 창작물은 다양한 방식으로 전달되는데 주로 엔터테인먼트나 유통사, 방송사 등을 통해 유통된다. 대중은 유통된 음악을 소비만 하면 된다.

그러나 생성형 AI의 등장은 기존의 방식을 깨트리고 새로운 예술적 패러다임이 필요한 상황을 만들었다. 인간의 창의성을 기반으로 하는 창작 영역까지 디지털 트랜스포메이션이 일어나면서 기존의 산업 구조가 혁신적으로 변화한 것이다.

생성형 AI를 통해 사용자는 원하는 음악을 직접 창작한다. 특히 프로그램을 간단한 구조로 상용화함으로써 많은 사람이 쉽게 이용할 수 있도록 지원하고 있다. 또한 음성을 추출하거나 생성할 수 있는 생성형 AI 음성 기술을 통해 특정 가수나 개성적인 목소리를 구현하고, 이를 AI 커버 영상을 창작하여 제공하기도 한다. 생성형 AI 이미지와 메타버스 기술을 융합하여 가상 아이돌을 데뷔시키는 사례도 등장하고 있다. 이러한 변화 속에서 대중음악 생산 구조는 개인의 취향을 존중하며, 창작의 접근성을 높이며, 자동화를 통한 빠른 처리 방식을 기반으로 다양한 분야의 기술과 융합하여 생산되고 있다.

생성형 AI가 대중음악 생산 구조를 변화시켰다면 플랫폼은 유통 방식을 바꾸고 있다. 과거에는 레이블 또는 유통사를 통해 디지털 음원으로 발매했다면 지금은 소셜 미디어나 유튜브, 메타버스 등의 플랫폼을 통해 스스로 음원을 유통할 수 있게 되었다. 음악 창작물을 자유롭게 등록하고 변경할 수 있는 권한이 창작자에게 제공되면서 기존의 유통 단계를 축소했다. 다양한 플랫폼의 등장은 창작자가 자신의 음악을 유통할 수 있는 방식 역시 다양해졌음을 의미한다.

이처럼 AI 기술을 통한 대중음악 산업 구조는 단계의 축소화와 개방적 구조 확립, 음악적 독창성 제시와 향유 방식의 다양성 인정을 지향하는 방향으로 변화하고 있다. 하지만 생성형 AI로 인해 음악 산업 종사자에 대한 입지와 수요 감소, 과도한 음악 생산, 취향의 획일화 등 여러 문제가 발생하고 있는 것도 사실이다. 본래 산업은 인간의 삶을 풍요롭게 하기 위해 무언가를 생산한다. 모두가 음악을 통해 풍요로운 삶을 영위할 수 있도록, 이러한 문제에 대한 객관적 인식을 바탕으로 누구나 자유롭게 음악을 창작하고 소비할 수 있는 환경을 조성해야 할 것이다.

플랫폼 속 음악 창작과 소비

음악 시장에서 플랫폼은 콘텐츠를 통해 음악 전공자 또는 비전공자, 전문가 또는 비전문가가 음악으로 평등하게 소통할 수 있는 장을 형성하고 있다. 전문적인 음악 교육을 받은 사람들의 전유물이 아닌 누구든지 참여하여 창작하고 공유할 수 있다. 자신의 노래나 연주 영상 또는 음원, 심지어 생성형 AI로 만든 음악과 영상을 플랫폼에 공유한다. 사용자는 취향에 따라 플랫폼 안에서 커뮤니티를 형성하며, 팬덤이 구축되기도 한다. 창작에 관심이 없는 일반 사용자는 플랫폼의 관심 추천 서비스 기능을 통해 음악 콘텐츠를 제공받는다. 다른 사용자와의 콘텐츠 N차적 유인을 통해 자연스럽게 관심사가 확대되며, 새로운 커뮤니티가 다시 형성한다. 심지어 N차 창작까지 이루어져 콘텐츠를 무한으로 확장하는 창작 문화가 조성되고 있다. 영상 콘텐츠에 새롭게 변형된 콘텐츠를 만들고, 이를 확산하는 현상이 메타버스를 비롯한 플랫폼에서 다시 확대되어 나타난다. 이런 문화는 이른바 밈(meme) 현상과 같은 맥락이라고 볼 수 있다(Wiggins & Bowers, 2015).

디지털 음원으로 유통된 창작물은 플랫폼을 통해 다양한 대중을 연결한다. 지역과 나라, 인종을 초월해 사용자들이 참여하는 플랫폼은 새로운 음악 유통의 장을 만들었다. 진입의 평등함과 자유로운 활동이라는 요소가 대중을 자율적으로 움직이고 있다.

음악 산업에서 AI 창작과 플랫폼 유통, 가상 세계의 등장은 디지털 트랜스포메이션이 이전 디지털화와 다른 방식으로 진행되고 있음을 보여 준다. 이는 단순한 유통과 수용 방식의 변화를 넘어 플랫폼화가 가지고 있는 문화 상품의 형태와 구조, 자본 구조 등의 변화를 초래했음을 의미한다.

플랫폼 산업 시장이 대형 엔터테인먼트 기업을 주축으로 음악 산업을 확장하고 있기에 여전히 개인 창작자나 소형 엔터테인먼트는 접근에 어려움을 보인다. 그럼에도 이전과 비교했을 때, 자신의 음악을 스스로 유통하여 다양한 협업 방안을 제시할 수 있으며, 음악에 대한 다양성을 인정할 수 있다는 점에서 의미가 있다.

콘텐츠의 첨단 기술 결합

대중음악 산업 생태계 구조는 다른 사람의 창작 소스를 이용하거나 AI 작곡 프로그램을 통해 손쉽게 창작 · 생산 활동이 이루어진다. 이는 다시 플랫폼 안에서 공유되어 소비되는데 그 속에서 다시 재창작이 이루어진다. 대중은 개인 취향에 따라 능동적인 생산자가 되어 콘텐츠를 생산하는 주체자가 되었다. 이러한 변화는 대중음악 문화 안에서 콘텐츠 및 데이터의 재사용, 재작업을 통해 높은 문화적 가치를 창출하고 있다.

대중음악 콘텐츠는 첨단 기술들이 서로 결합하여 다

양한 형태로 활용되고 있다. 창작과 유통, 수용하는 모든 과정에서 빅데이터와 AI, 블록체인 등의 기술을 결합해 활용도와 그 가치를 높이고 있다. 이 기술들이 집약된 메타버스 플랫폼은 콘텐츠를 무궁무진하게 생산할 수 있는 가능성을 가지고 있다. 메타버스 플랫폼 이외에도 여러 음악 스트리밍 플랫폼, 공유 플랫폼 등 역시 첨단 기술들을 적극적으로 활용하여 콘텐츠를 공유하고 있다. 이는 플랫폼 간의 결합도 다채롭게 이루어질 수 있음을 보여 준다.

기술이 서로 융합하여 활용되는 것처럼 서로 다른 분야는 긴밀하게 연결되고 있으며, 경계가 모호해지고, 더 다양한 융합형 콘텐츠의 가능성을 제시한다. 현재 생성형 AI 콘텐츠와 팬덤 기반의 메타버스 플랫폼 사업은 디지털 콘텐츠를 생산하여 수익을 창출하고, 새로운 경제 생태계를 형성하고 있다. 이 속에서 대중음악 산업은 엔터테인먼트사의 협업과 투자 등을 통해 협력 생태계를 형성하고 있다. 대중음악 생태계는 음악뿐만 아니라 기술 개발자와 창작자, 관계자, 대중의 협력 체계가 단단하게 이뤄질 수 있어야 한다.

참고문헌

류준호(2014). 문화콘텐츠 생태계 구조 연구를 통한 문화콘텐츠 1차 창작자 활성화 및 공진화 방안 연구. 한국연구재단.

최영신(2023). 행위자 네트워크 이론(Actor Network Theory)을 적용한 생성 음악(Generative Music)에 관한 연구. 상명대학교 박사학위논문.

최영신(2024). 생성형 인공지능과 대중음악 산업 구조 변화. ≪한국엔터테인먼트산업학회논문지≫, 18(9), 129-138쪽.

Wiggins, B. E. & Bowers, G. B.(2015). Memes as genre: A structurational analysis of the memescape. *New Media & Society*, 17(11), pp.1886-1906.

03
생성과 예술

생성과 예술이 결합된 생성 예술은 작품의 매개체가 스스로 만들어 내는 예술적 결과물을 의미하며, 인간의 개입을 최소화한다. 규칙적 시스템의 통제 속에서 우연성과 무작위성이 작용하며, 반복적 과정을 통해 독창적인 형상의 미적 가치를 창조한다.

AI와 난임 극복?

생성 예술

생성 예술(generative art)은 어떤 것이 생겨나도록 하는 과정 자체를 강조하는 표현이다. generative의 사전적 의미는 '생식의, 발생의, 생식 능력, 생성력이 있는, 생성적인'이란 뜻이며, 여기에 예술을 뜻하는 'art'가 결합한 'generative art'는 단어 그대로 생성하는 예술, 생성된 예술을 말한다.

생성 예술은 창작자와 예술 작품 사이의 매개체가 스스로 생성한 예술적 결과물을 의미한다. 작품의 결과를 보는 것이 아니라 시스템을 통한 생성 과정에 초점을 맞추고 있기 때문에, 순차적이고 규칙적인 시스템을 만들 수 있는 모든 규칙과 매체가 창작의 도구이자 매개체가 될 수 있다.

미학적 관점에서 생성은 예술가가 지향하는 미적 욕망을 표현하는 수단이 된다. 기존의 질서와 표현 방식에서 벗어나 새로운 형식과 가능성을 창조하는 방식으로 전개된다(권경아 · 윤준성, 2017). 새로움에 대한 갈망과 욕구를 표현하게 되는 것이다.

독일 철학자 막스 벤제(Max Bense)는 생성 미학을 통해 생성 예술의 미학적 가치를 충분히 인정한다. 그는 시스템의 정해진 과정을 통해 예상치 못한 미적 작품이 탄

생한다고 보았으며, 이런 과정에서 우연성과 반복적 조합이 작용해 독창적인 형상을 만들어 낸다고 설명했다(Bense, 1971). 즉, 계획된 규칙적 시스템을 통해 생성된 예술은 독특한 배치와 형상을 지니며, 충분히 미적 가치가 있다. 특히 컴퓨터를 포함한 다양한 매체와 규칙적 시스템은 기존의 질서를 넘어 창조적 작업을 위한 강력한 도구가 되었으며, 생성 예술의 확장을 더욱 가속화했다.

생성 예술과 컴퓨터 예술, 미니멀리즘 예술

생성 예술은 창작자가 시스템을 사용해 어떤 예술 행위를 하는 것이다. 컴퓨터나 기계 등의 순차적 시스템의 진행을 통해 자동으로 결과를 만들어 내거나 작품으로서 결과가 드러나는 것을 의미한다. 현재 생성 예술 시스템은 주로 AI를 통해 설계되지만, 처음 등장한 1960년대에는 컴퓨터 알고리즘을 바탕으로 설계되고 발전했다. 사이버네틱스 이론을 기반으로 등장한 컴퓨터 예술은 전통적 창작 방식에서 벗어나 컴퓨터의 수학적이고 과학적인 접근을 통해 작품을 창작한다.

1965년 게오르그 니스(Georg Nees)가 컴퓨터를 이용해 작품을 만들 때, 과정 자체가 예술로 인정되는 작품에 생성 예술이란 단어를 사용한 이래 여러 사람이 그 용어를 채택해 왔다(Boden, 2009). 당시 생성 예술은 컴퓨터 예술과 병행되거나 교환되어 사용되었다. 창작 도구와 방식에 따라 명칭을 달리하기 때문에, 여전히 두 단어는 혼용되고 있다. 이후 컴퓨터를 이용한 다양한 형태의 예술이 창작자에 의해 등장했지만, 소재나 창작 방식, 사용한 기술 등에 따라 새로운 이름을 붙여 용어를 명확히 규정하기 어려웠다. 하지만 2009년 마거릿 보든(Margaret Boden)은 컴퓨터 예술, 디지털 예술 등과 혼용되는 생성 예술에 대한 정의를 분명하게 하고 있다. 보든은 창작자가 정한 규칙과 시스템이 끊임없이 다양한 결과를 생산해 내는 방식을 생성 예술이라고 정의했다. 역사적으로 컴퓨터를 이용해 창작한 시점부터 다양한 예술을 살펴보며 생성 예술을 정의하고 구분한다. 디지털 방식을 비롯해 아날로그 방식의 생성 예술도 포함해 그 범위를 확장했다(Boden & Edmonds, 2009).

마이클 템플(Michael Tempel)은 생성 예술은 작가가 직접 작업하는 것이 아니라 작동하는 시스템에 의해 자율적으로 또는 반자율적으로 만들어지는 것이라 정의한다. 그는 대부분의 시스템이 컴퓨터 프로그램을 통해 만들어지지만 생물학적, 사회적, 기타 시스템도 사용할 수 있다고 정의했다(Tempel, 2017). 즉, 생성 예술은 창작자에 의해 만들어진 규칙과 시스템에 의해 지속성을 가지고 만들어진 예술이라고 정의할 수 있다.

한편, 생성 예술은 미니멀리즘 예술(minimalism art)과 일맥상통한다는 주장이 있다. 미니멀리즘 예술은 단순한 모티브와 소재들의 반복과 나열 구조로 이루어진다. 생성 예술 역시 시스템을 활용해 모티브나 소재를 나열하기 때문에 생성 예술과 미니멀리즘 예술은 동일시된다. 하지만 생성 예술은 시스템 자체에서 조합과 변형이 가능하다. 이를 통해 형태를 만들며, 매번 새로운 작품을 창작하는 것을 기본 구조로 삼는다(박영욱, 2010). 단순한 나열이 아닌 그 안에서 변형된 형태의 결과물을 예술로 보는 것이다. 따라서 단순한 반복의 나열 구조인 미니멀리즘 예술과 차이를 갖는다.

생성 예술의 방식

생성 예술은 창작자의 아이디어를 바탕으로 규칙적으로 작동하는 시스템을 구축하고, 매체를 통해 이를 구현하는 방식의 예술이다. 창작자나 사용자는 시스템 내에서 다양한 변수를 설정하며, 이 변수는 결과물의 변화를 이끄는 매개 변수이자 창작자가 표현할 수 있는 중요한 도구가 된다. 설정된 변수에 따라 작품은 우연성과 자율성이 극대화되며, 이를 통해 하나의 결과물이 생성된다.

창작자는 자연적이거나 인위적인 시스템을 설계하고 결과에 영향을 미치게 하는 매개 변수를 조정함으로써 다양한 변화를 유도한다. 이 과정에서 생성되는 결과물은 예측할 수 없는 요소를 포함하며, 창작자는 단발적 결과물을 그대로 활용하거나 반복적인 시스템 작동을 통해 최종 작품을 선택할 수도 있다. 거기에 창작자의 개입에 따라 재창작된 결과물이 탄생하기도 한다.

생성 예술 시스템을 구축하는 방식은 크게 아날로그 방식과 디지털 방식으로 나눌 수 있다. 디지털 방식은 주로 컴퓨터 알고리즘을 활용하며 최근에는 AI 기술을 통해 더욱 정교한 시스템을 설계하는 방향으로 발전하고 있다. 디지털 방식은 직접적으로 결과물을 생성하거나 알고리즘을 통해 얻은 데이터값을 활용해 창작하는 방식으로 구분된다. 후자의 경우 디지털 데이터를 활용해 아날로그 매체와 결합하는 방식도 포함한다. 아날로그 방식의 대표적인 예로는 잭슨 폴록(Jackson Pollock)의 액션 페인팅을 들 수 있다. 물감을 떨어뜨리거나 튀기고, 페인트 통을 흔드는 등의 규칙적이고 연속적인 행위를 통해 작품을 생성하는 방식이다.

기술의 발달은 새로운 매체를 창작 과정에 도입하고,

매체가 가진 특성을 적극적으로 활용할 수 있도록 한다. 아날로그 도구에서 디지털 기기로의 전환을 거쳐, 이제는 AI 기술이 창작의 도구로 자리 잡고 있다. 그러나 예술은 본질적으로 개인적 가치관과 신념, 그리고 표현 방식을 포함하는 영역이다. 우리는 한 가지 방식만 고수할 것이 아니라 아날로그와 디지털, AI 기술을 유기적으로 결합하는 다양한 창작 방식을 모색해야 한다.

참고문헌

권경아 · 윤준성(2017). 오토매틱 드로잉과 생성 예술: 자율적 시스템으로서 무의식-라깡의 무의식과 생성 미학의 측면에서. ≪한국영상학회논문집≫, 15(1), 61–76쪽.

박영욱(2010.10.12). 가능성에 반응하는 알고리즘의 아름다움. ≪주간한국≫, http://weekly.hankooki.com/news/articleView.html?idxno=4049591

최영신(2023). 행위자 네트워크 이론(Actor Network Theory)을 적용한 생성 음악(Generative Music)에 관한 연구. 상명대학교 박사학위논문.

Bense, M.(1971). The projects of generative aesthetics. In J. Reichardt, *Cybernetics, art, and ideas*(pp.57 – 60). Greenwich, CT: New York Graphic. Society, Lt.

Boden, M. A. & Edmonds, E. A.(2009). What is generative art?. *Digital Creativity*, 20(1–2), pp.21–46.

Tempel, M.(2017). Generative art for all. *Journal of Innovation and Entrepreneurship*, 6, pp.1–14.

04
생성 예술의 특성

생성 예술은 복잡한 시스템 속에서 규칙성과 불규칙성, 무작위성과 우연성, 일회성과 희소성, 다양성과 확장성, 창조성 등의 특성을 지닌다. 생성 과정에서 나타나는 무의식적 시스템의 창발적 요소가 다양한 매체로 전환되며 이를 통해 예술 창작에서 새로운 영역이 지속적으로 확장되고 있다.

AI와 사주?

생성 예술 시스템의 특성

생성 예술은 순차적 규칙에 의해 작동하는 시스템을 기반으로 작품을 생성하는 예술이다. 이 시스템은 철저한 설계를 통해 작동하며, 규칙이 명확하지 않다면 창작자의 의도대로 작동할 수 없다. 반드시 순차적인 규칙으로 시스템이 설계되어야만 한다. 규칙은 단순할 수도, 복잡할 수도 있다. 특히 컴퓨터 알고리즘을 활용한 시스템은 아날로그 방식보다 훨씬 높은 복잡성을 갖는다.

생성 예술 시스템은 무한한 반복과 무작위 변수를 통해 스스로 작품을 창작하도록 설계된다. 이 시스템은 정해진 규칙 안에서 끊임없이 생성과 변화를 반복하며 예측 불가능한 결과물을 생성한다. 창작자는 시스템을 통해 어떠한 결과가 나올지 예상하지 못한다. 오직 미리 정해 놓은 규칙적 시스템에 따라 스스로 작동하여 결과를 생성할 뿐이다.

이러한 규칙적 시스템은 지속적인 인간의 창의성을 요구하지 않는다. 초기 설계 단계에서 개입할 뿐 이후에는 시스템이 설정된 변수를 바탕으로 자동적으로 움직인다. 이러한 자동성과 자율성은 오로지 인간만이 창작할 수 있고, 창작자 한 사람에 의해 작업하던 폐쇄적 예술 방식의 한계를 넘어 개방적 예술의 성격을 보여 준다.

또한 생성 예술은 확률적 우연과 질서, 규칙을 바탕으로 예측 불가능성을 내재하고 있다. 이는 시스템 오류나 결함으로 인해 발생하는 의도치 않은 우연성도 포함한다(김동욱, 2018). 철저한 계획과 수학적 계산에 의해 시스템이 설계되었다고 해도 확률적 요소나 무작위성을 통해 예상하지 못한 결과를 도출할 수 있도록 설계된다. 이는 인간이 기존의 방식으로 표현하지 못했던 창작의 확장된 가능성을 제시하는 것이다.

결과적으로 생성 예술은 무작위성과 우연성, 즉각적인 일회성이라는 특징을 통해 결과에 대한 다양성과 희소성을 갖고, 불규칙성과 확장성, 창조성을 지닌다. 생성 과정에서 나타나는 무의식적 시스템은 이전에는 없던 창작물을 생성하는 창발적 요소로 작용하며 이를 통해 예술 창작의 새로운 영역이 확장되고 있음을 보여 준다.

생성 예술과 디자인

생성 예술의 특성을 활용해 디자인 설계 과정에서 발생할 수 있는 다양한 요구 사항을 시스템의 변수로 입력하고, 이를 바탕으로 최적의 결과물을 얻어 내는 방식이 주목받고 있다(나한범, 2022). 디자인 분야는 실용적인 제품 생산을 목표로 하며 사용자의 취향과 요구를 반영한 맞춤형 설계가 핵심 요소다. 이러한 점에서 생성 예술이 가진 예술적 가치보다는 실용적 측면에서 활용 가치가 더욱 높다.

알고리즘을 기반으로 설계된 시스템은 인간이 미처 생각하지 못한 아이디어를 도출할 수 있고, 시뮬레이션을 통해 디자인 완성도를 사전에 검토할 수 있다. 또한 최적화된 결과물로 맞춤형 생산이 가능하다는 점에서 활용 가치가 높다. 디자인 단계에서부터 생산, 제작 단계까지의 시간과 비용을 절감하는 효과가 있다. 특히 패턴 생성이나 구조 설계와 같은 분야에서는 생산의 효율성을 높이는 요소로 활용되며, 이는 소비자보다는 디자이너의 관점에서 제안되는 방식이다.

최근 생성 디자인은 AI를 기반으로 진화하여 프로그램이 모든 디자인 조합을 자동으로 탐색하고, 최적의 설계를 제안하는 방식으로 발전하고 있다(Akella, 2018). 사용자는 시스템이 생성한 다양한 설계안을 분석하고, 자신의 요구를 충족하는 최적의 결과물을 선택하는 방식으로 디자인을 진행할 수 있다. 이러한 접근법은 가변적이고 불확정적인 결과물 생성에 집중하며, 다양한 변수와 요구 조건에 최적화된 설계 옵션을 도출할 수 있다는 강점을 갖는다. 결국 AI를 활용한 디자인 개발 시스템은 디자인 방식과 디자이너의 역할 자체를 변화시키고 있다. 인간의 창의적인 아이디어를 더욱 효과적으로 구현할 수 있도록 돕는 동시에, 결과물을 사전에 검토하고, 독창적인 아이디어를 미리 알 수 있다는 점에서 새로운 협업 파트너로 기능하고 있음을 보여 준다.

협업과 창의성의 확장

생성 예술과 생성 디자인의 특성을 종합해 보면, 규칙성을 가진 시스템이 우연성을 반복적으로 생성하며, 이를 통해 표현의 무한한 가능성과 확장성을 실현한다. 특히 생성 디자인 시스템은 창작 과정에서 높은 활용 가능성을 가지며 창의적인 결과물을 효과적으로 도출하는 도구로 자리 잡고 있다.

디자인 과정에서 AI는 복잡한 문제를 정확하게 해결하는 능력을 제공하며, 인간은 감각적이고 직관적인 연결을 만들어 내는 강점을 지닌다. 이 두 요소가 결합될 때, 더욱 유연한 사고와 협력적인 관계를 통해 융합적 결과물이 새롭게 태어날 가능성이 커진다. 이는 교육적 효과를 비롯해 창의적 사고를 확장할 수 있는 기회를 제공한다.

그러나 생성 디자인에서도 여전히 중요한 순간에는 인간의 능력과 안목이 필요하다. 생성 AI에 대한 의존도가 지나치게 높아질 경우, 디자이너의 전문성이 약화되고, 결과물에 대한 실제와 가상의 경계가 모호해지는 문제가 발생할 수 있다. 따라서 생성 AI는 디자이너의 창의적 사고를 촉진하는 방향으로 활용되어야 하며, 이를 끊임없이 인식해야 한다.

참고문헌

김동옥(2018). 현대패션에 적용된 생성 알고리즘의 시각적 표현 특성과 의의. 경북대학교 박사학위논문.

나한범(2022). 제너레이티브 디자인을 활용한 제품 조형 개발 프로세스 연구. 서울과학기술대학교 박사학위논문.

최영신(2023). 행위자 네트워크 이론(Actor Network Theory)을 적용한 생성 음악(Generative Music)에 관한 연구. 상명대학교 박사학위논문.

Akella, R.(2018.5.16). What generative design is and why it's the future of manufacturing. *New equipment. New Equipment Digest*, https://adsknews.autodesk.com/ko/stories/why-generative-design-is-the-future-of-manufacturing/

05
생성 음악의 정의

생성 음악은 작곡가에 의해 구축된 시스템을 통해 자체적으로 생성된 음악이다. 창작하는 과정에서 인간의 의도가 개입하지 않은 채 시스템의 우연적 조합을 활용한다. 기존의 창작 방식을 깨트리고, 창작의 영역을 확장했으며, 도구의 편의성과 유희성, 다양성 등으로 활용 가치를 높이고 있다.

AI와 아이돌?

생성 음악의 창작

생성 예술의 범주에서 살펴보면, 작곡자가 구축한 시스템에 의해 스스로 생성된 음악을 생성 음악이라고 정의할 수 있다. 전통적인 창작 방식에서는 작곡자의 감성과 의도가 여러 가지 음악 언어를 통해 하나의 음악을 창작한다. 하지만 생성 음악은 작곡자가 먼저 음악을 생성할 수 있는 시스템을 설계하고, 그 시스템이 스스로 음악을 창작한다는 점에서 기존 창작 방식과 차이가 있다. 최근 생성 음악 시스템은 AI 기술을 활용한 연구와 개발이 활발하게 이루어지고 있다. 첨단 기술을 통해 미처 생각하지 못했던 방식의 시스템을 제공함으로써 음악가뿐만 아니라 수학과 공학적 지식을 갖춘 공학자도 시스템 설계의 주체로 참여한다.

생성 음악은 기술의 사용 여부와 상관없이 특정한 형식적 과정이나 단계적 시스템을 기반으로 한다. 아날로그 도구를 활용하여 제작되기도 하고, 디지털 방식으로 재구현되기도 한다. AI라는 첨단 기술이 활용되어도 변하는 것은 시스템의 매체일 뿐, 시스템의 작동 규칙이나 방식 자체는 변하지 않는다.

생성 음악 시스템은 설계 과정에서 반드시 따라야 하는 내재적 규칙성을 갖는다. 정확한 순서와 규칙에 따라 설계되어야 완벽하게 작동할 수 있기 때문이다. 하지만 창작자가 시스템을 활용하는 과정과 생성된 결과물은 불규칙적이고 무질서성을 내포한다. 생성 음악에서 매개 변수가 입력되는 과정은 일관된 패턴을 따르지 않고 무작위로 입력되며, 이러한 변수들이 복잡하게 얽혀 다양한 결과물을 생성한다. 즉, 단순하고 규칙적으로 설계된 시스템을 통해 불규칙적이고 무질서한 결과물이 생성되며 이는 엔트로피(entropy) 법칙의 결과물이라 할 수 있다.

생성 음악에서 매개 변수는 매번 새로운 음악을 생성하는 중요한 요소가 된다. 음악이 시간의 흐름에 따라 수평적(선율적)이고 수직적(화성적)으로 진행될 때, 변화하는 모든 요소가 매개 변수가 된다. 음의 높이와 길이, 세기, 음색, 또는 음악의 전체 길이와 구성 등의 요소가 매개 변수가 되는 것이다. 다양한 음악이 생성되기 위해서는 시스템에 정확한 규칙이 필요하다. 즉, 규칙을 정하고 이를 바탕으로 시스템을 설계하는 것 자체가 생성 음악이 시작되는 과정이라 볼 수 있다.

음악이 생성되는 과정만 볼 때, 전통적 창작 방식의 과정에 비하여 비교적 단순해 보이기도 한다. 하지만 시스템을 설계하고, 구현하는 과정은 매우 복잡하고, 오랜 시간과 작곡자나 개발자의 경험적 축적이 필요하다. 시스템을 설계하는 과정에서 데이터 분석과 창작자의 경험이 조화를 이루어야 하며, 이를 통해 깊고 넓은 층위 구조의 시스템이 정교하게 설계된다.

인간은 시스템을 통해 음악을 생성하는 과정에서 자신의 개입을 최소화한다. 규칙성에 의한 통제를 위해 개입이 이루어지긴 하지만, 단지 음악이 생성되는 환경을 만들 뿐 음악을 창작하는 것은 아니다. 인간은 규칙이 명확하게 제시된 시스템 안에서 그 결과물을 기다리기만 하면 된다. 이러한 조건을 정리하면 생성 음악은 규칙적 시스템과 무작위성에 따른 우연성, 그리고 불규칙적 결과물이라는 세 가지 핵심 요소를 바탕으로 이루어진다.

생성 음악의 창의성

생성 음악은 기존의 정형화된 창작 방식을 깨트리고, 창작의 영역을 확장하는 것이다. 이때 개인의 자유로운 표현과 해석을 바탕으로 독창적인 창의성과 다양한 결과물을 만들어 낼 수 있다. 생성된 음악은 시스템의 무작위성이 만들어 낸 우연성을 포함하며, 이는 인간이 예측하지 못한 표현의 다양성과 확장성을 갖는다. 시스템을 통해 생성된 결과물 자체가 하나의 음악이 될 수 있으며,

필요에 따라 이를 변형하거나 재구성하여 새로운 음악을 창작할 수도 있다.

생성 음악에서는 창작자의 의도가 개입되지 않은 채, 시스템의 다양한 요소가 우연적으로 조합된다. 이것은 구조화된 틀 안에서 창작자의 예술성을 발휘하는 전통 작곡 방식을 완전히 벗어난 방식이다. 구조화된 틀에서 벗어나 기존의 창작 방식을 깨트리고, 창작의 영역을 확장하는 것이다. 이때 개인의 자유로운 표현과 해석을 통해 다양성과 독창적 창의성에 따른 다양한 결과물을 만들어 낼 수 있다.

창의성(creativity)은 새롭고 독창적이고 유용한 것을 만들어 내는 능력 또는 전통적 사고방식을 벗어나서 새로운 관계를 창출하거나 비일상적 아이디어를 산출하는 능력을 의미한다. 디지털 기술을 활용한 생성형 AI 시스템은 시스템을 통해 일어날 여러 가지 가능성을 탐색하고, 결과에 대한 기대감과 호기심을 유발하여 자신의 상상력을 자극하고 동기를 부여한다. 이 과정에서 익숙하지만 낯설게 하고, 낯설지만 익숙하게 하는 요소들로 창작자는 기존의 방식에서 벗어나 새로운 시각으로 음악을 탐색할 수 있다.

또한 설계자는 시스템을 통해 규칙적 질서를 만들고,

반복적 선택 행위를 통해 다양한 조합의 가능성을 수행하도록 유도한다. 이 우연성을 통해 스스로 완성된 음악은 연주자에게 새로운 해석을 요구하며, 사용자에게 다양한 표현과 활용 가능성을 제공한다. 시스템은 일어나거나 변화할 수 있는 수만 가지의 가능성 중 각 요소 하나하나를 선택해 인간이 생각하지 못한 조합의 결과물을 만들어 낸다. 이러한 낯선 요소는 어떤 소리가 들릴지, 어떻게 연주해야 하는지 창작자와 연주자의 상상력을 자극한다.

단순한 조작 방식과 직관적인 인터페이스를 갖춘 생성 음악 시스템은 누구나 쉽게 접근할 수 있으며, 이를 통해 개인의 음악적 창의성을 자극할 수 있다. 음악적 창의성은 모든 사람이 갖고 있지만, 환경과 경험에 따라 그 수준이 다르게 발현된다. 하지만 생성 음악 시스템은 창작에 대한 문턱을 낮추고 누구나 능동적으로 창작에 참여할 수 있도록 함으로써 개인의 표현력과 독창성을 인정하고 음악적 창의성을 더욱 향상할 수 있는 가능성을 제공한다.

생성 음악 시스템의 상호 작용

생성 음악 시스템은 전통적 창작 방식의 일방적이고

폐쇄적인 상호 작용을 개방적이고 적극적인 개입이 가능한 방식으로 변화시켰다. 창작 도구의 편의성과 유희성, 결과의 다양성은 대중의 관심을 불러일으키기 충분했으며 생성 음악의 활용 가치를 높이는 중요한 요소가 되고 있다.

알고리즘 기반의 시스템 설계는 다양한 데이터를 활용할 수 있다는 점에서 음악 외적인 요소를 창작 재료로 사용할 가능성과 이에 대한 상호 자율성을 높였다. 특히 디지털 매체는 일상 깊숙이 스며들어 다양한 플랫폼을 통한 음악 경험과 그 안에서 이루어지는 상호 작용을 연속적으로 가능하게 만들었다.

먼저 사용자의 개방적 상호 작용이 이루어진다. 설계자가 설정한 어떠한 규칙적 조건에 따라 구축된 시스템은 사용자의 선택과 조합에 따라 음악을 다양하게 변화시킨다. 하나의 시스템이지만 사용자마다 입력값이 다르면 전혀 다른 음악이 생성될 수 있다. 특히 생성형 AI 시스템은 마우스 클릭만으로 단시간에 음악을 생성할 수 있다. 이는 창작의 주체가 전공자나 전문적 지식을 배운 자가 아닌 광범위한 사용자들로 확대되고 있으며, 사용자들의 음악적 경험을 높이고, 창작 참여를 더욱 활성화하는 역할을 한다.

두 번째로 인간과 기술 또는 기술 간의 상호 작용이 이루어진다. 생성형 AI 시스템은 기존 인간 작곡자의 작품을 학습해 새로운 음악을 생성한다. 이때 생성된 음악이 다시 학습 데이터로 제공될 수 있다. 즉, 인간과 기계의 상호 작용을 통한 결과물이 새로운 시스템과 기존 시스템의 기능 향상을 위한 생성 주체로 작용하는 것이다. 또한 데이터를 통한 끊임없는 생성과 이를 통한 지속적인 학습은 시스템 기능의 향상과 정교함을 통해 스스로 작동할 수 있도록 돕는 역할을 할 수 있다. 생성형 AI는 디지털상에 존재하는 모든 데이터를 입력 신호로 활용할 수 있다. 프롬프트 입력만으로 음악이 생성되는 AI로 개발되면서 생성 음악은 이와 다른 방식의 기술 간 상호 작용을 이루기도 한다.

생성 음악의 시스템은 인간과 기술의 참여를 통해 창작의 새로움과 다양성을 인정하며, 인간과 인간, 인간과 기술의 상호 작용을 통해 새로운 음악 시장의 변화를 가져오고 있다. 디지털 기술의 발달과 다양한 매체는 과거보다 더 자신의 목적에 적합하게 인간의 도구적 편의성이 강조된 것으로 볼 수 있다. 특히 디지털 매체는 언제 어디서나 간편하게 이용할 수 있고, 시간과 노력을 최소화하여 적극적 활용을 유도한다.

사용자 입장에서는 굳이 많은 정보를 습득하지 않고, 많은 시간을 할애하지 않아도 미리 만들어진 시스템을 이용하기만 하면 된다는 점에서 충분히 매력적이다. 이러한 상호 작용 현상은 더 나아가 음악 산업의 방향성까지 변화시키고 있으며, 생성 음악 시스템은 점차 대중의 편의를 위한 방식으로 더 다양하게 개발되고 있다. 하지만 간단한 과정의 편의성과 대중의 유희적 상태, 결과의 다양성과 높은 완성도가 뒷받침되지 않는다면, 인간이 지닌 유목민적 성향으로 인해 상호 작용은 오래 지속되기 어려울 것이다.

참고문헌

최영신(2023). 행위자 네트워크 이론(Actor Network Theory)을 적용한 생성 음악(Generative Music)에 관한 연구. 상명대학교 박사학위논문.

06
시대별 생성 음악

음악은 바라보는 방법과 관점에 따라 다양한 이름으로 불려 왔다. 18세기 주사위 음악, 20세기 우연성 음악, 21세기 컴퓨터 알고리즘 음악과 생성형 AI 음악은 모두 일정한 규칙을 기반으로 음악을 생성한다는 점에서 생성 음악의 계보를 형성한다고 볼 수 있다.

AI와 야구?

생성 음악의 역사적 흐름

어떤 조건이나 규칙, 시스템을 통해 만들어지는 음악은 수학적 원리에 바탕을 둔 고대 그리스 시대의 피보나치 수열이나 황금 비율 등의 창작 방식에서도 확인할 수 있다. 비율과 통계, 확률 등의 규칙적 수학 개념과 음악 구조의 유사성이 지금까지 활용되고 있다(곽현규, 2017). 18세기 주사위 작곡 방식 역시 수학적 개념의 규칙 시스템을 따른다는 점에서 생성 음악 범주에 속한다. 정해진 범위 안에서 어떤 값이 나올지 모르는 무작위성과 우연의 확률 개념을 포함하기 때문이다. 또한 설계자가 결과를 예측할 수 없다는 측면에서 이미 만들어 놓은 구조적 시스템에 의해 음악이 만들어지는 20세기 우연성 음악과 21세기 컴퓨터 알고리즘 음악, 생성형 AI 음악 역시 생성 음악으로 볼 수 있다.

알고리즘은 컴퓨터가 데이터를 인식하여 처리하는 방법으로 컴퓨터에 입력된 데이터를 토대로 원하는 출력값을 유도하는 컴퓨터 정보 처리 방식이다. 명백한 규칙의 집합으로 이루어진 알고리즘은 주로 어떠한 문제를 해결하기 위한 절차나 방법을 의미한다. 알고리즘이 갖는 문제 해결의 규칙적 방식과 처리된 결과는 시스템에 의해 음악이 다양하게 생성된다는 점에서 생성 음악으로 볼 수 있다.

몇몇 예술가 또는 수학자가 자신의 작품에 컴퓨터 알고리즘을 적용하면서 새로운 컴퓨터 예술의 한 방식으로 자리 잡게 되었다. 이를 알고리즘 음악이라고 부르기도 한다. 생성 음악 역시 현재 컴퓨터 알고리즘으로 만들어지기 때문에 '생성 음악'과 '알고리즘 음악'은 자주 혼용된다(Collins, 2008).

알고리즘으로 만든 음악을 바라보는 관점에 따라 용어는 달라진다. 생성 음악은 창작자의 작곡 방식에서의 활용 또는 방법의 관점이 아닌 결과물의 관점에서 시스템에 의해 창작된 결과물로서 지칭하는 것이라 할 수 있다. 용어는 다르지만, 규칙이나 시스템의 순서화된 절차적 조건을 통해 생성되는 측면에서 생성 음악으로 볼 수 있다.

주사위 음악과 우연성 음악

생성 음악은 시스템의 규칙성뿐만 아니라 우연성(chance)과 무작위성(randomness)의 속성을 갖는다. 작곡자는 본인의 생각 또는 사상의 개입을 최소화하기 위해 규칙이나 시스템을 통해 생성되는 과정에 우연적 상황을 발생시킨다. 주사위 작곡 방식은 1부터 6까지의 수 중 어느 수가 나올지 알 수 없는 우연성과 무작위성을 갖는다. 아무도 예측할 수 없는 우연성과 정해진 범위 안에서 어떤 하나가 선택되어 만들어지는 무작위적 결과의 특성을 포함하고 있다. 하지만 주사위에서 나오는 수만으로는 음악 창작이 불가능해 작곡자는 규칙적 시스템을 설계한다. 이를 통해 다양한 결과를 생성한다는 점에서 생성 음악이라고 볼 수 있다.

우연성 음악(chance music)은 음악이 만들어지거나 연주될 수 있도록 작곡자가 시스템을 미리 설계해 놓으며, 환경과 조건에 따라 다양한 음악이 생성된다는 점에서 생성 음악의 규칙성을 포함한다. 우연성 음악은 작곡자의 의도나 사상을 배제해 작곡자의 인위적 통제가 음악 구성에 영향을 미치지 않도록 하는 불확정성(indeterminacy)의 개념도 포함한다. 연주자 스스로 악곡의 구도를 결정하거나, 연주자의 즉흥 연주를 통해 작품을 완성한다. 이러한 이유로 우연성 음악은 불확정성 음악(indeterminacy music)이라고 부르기도 한다. 음악의 악곡과 전체 구조가 분명하게 정해지지만, 악곡의 나열과 연주 과정에서 연주자가 독자적으로 작품에 참여하는 방식을 통해 작곡가들에 의해 시도된다. 기보법을 사용해 음향적 재료만을 제시할 뿐 세부적 구성은 연주자에게 맡기는 방식이다(오희숙, 2004). 이 역시 매번 곡이 달라진다는 점에서 생성 음악의 규칙성과 우연성을 포함한 생성 음악으로 볼 수 있다.

컴퓨터 알고리즘 음악

21세기에 접어들면서 컴퓨터의 광범위한 활용이 가능해지자 작곡가들은 작곡 과정에 컴퓨터 알고리즘을 적극적으로 도입했다. 알고리즘을 이용한 작곡 시스템은 설계자의 기술과 접근 방식에 따라 다양하게 구성되며, 보다 정교하고 높은 음악성을 갖춘 음악을 창작하는 방향으로 발전해 왔다(Collins, 2008).

알고리즘 기반 작곡은 크게 두 가지 방식으로 활용된다. 첫째, 알고리즘이 음악을 스스로 생성하는 방식이며, 둘째 작곡자가 창작 과정에서 도움을 얻기 위해 알고리즘을 활용하는 방식이다. 이러한 시스템은 음악을 직접 생성할 수도 있고, 작곡자가 작품에 필요한 정보 및 아이디어를 얻는 방식으로도 사용될 수 있다.

알고리즘을 작곡에 활용하려면 음악의 기호나 언어를 컴퓨터가 읽고 받아들일 수 있는 언어로 변환하는 과정이 필요하다. 이 과정에서 여러 가지 알고리즘 방식이 사용된다. 기본적으로 알고리즘 작곡 방식은 확률적 방식

(stochastic), 카오스 방식(chaotic), 규칙 기반 방식(rule-based), 문법 방식(grammars), 인공지능(artificial intelligence) 방식의 다섯 가지로 분류할 수 있다(노영해, 2004). 이후 세분화된 알고리즘이 등장하면서 알고리즘 작곡 기법은 더욱 정교하게 발전해 왔다.

AI를 활용한 최초의 작곡 시스템이라고 일컫는 1957년 레자렌 힐러(Lejaren Hiller)와 레너드 아이작슨(Leonard Issacson)의 일리악(ILLIAC)은 확률적 방식과 규칙 기반 방식을 활용해 음악을 생성했다. 한편 생성 음악(generative music)이라는 개념을 처음 제시한 브라이언 이노(Brian Eno)는 초기 작업에서 셀룰러 오토마타(cellular automata) 알고리즘 방식을 활용했다. 2000년대에 들어서면서 인공지능을 활용한 작곡 시스템 개발이 활발해졌다. 초기 컴퓨터 알고리즘 기반 작곡 방식은 인공지능이라는 큰 범주 안에 포함되어, 인간의 창작 영역을 알고리즘이 대체하거나 보조하는 방식으로 발전해 왔다.

1989년 인지 과학자 피터 토드(Peter Todd)는 인공지능 신경망을 활용한 작곡 시스템 설계를 시도했다. 몇 개의 단선율을 만들기 위해 인공지능 신경망을 설계하고 입력값과 출력값을 연결하는 구조를 연구했다

(Todd, 1989). 이 연구는 인공지능 신경망을 활용한 작곡 시스템 개발의 출발점이라 할 수 있다. 인공지능 기반 알고리즘의 가장 큰 특징은 입력된 데이터를 바탕으로 컴퓨터 스스로 규칙을 학습하고 최종 결과물을 도출한다는 점이다. 입력되는 데이터 유형에 따라 다양한 결과물이 생성될 수 있다.

AI 기반 작곡 시스템에 적용되는 알고리즘 방식은 기존의 알고리즘과 유사한 요소를 포함하면서도 보다 구조가 복잡하다. 지식 기반 방식(knowledge-based), 진화 알고리즘(evolutionary), 셀룰러 오토마타(cellular automata), 기계 학습(machine learning) 등 네 가지 방식으로 나눌 수 있다(Nierhaus, 2009).

첫 번째로 지식 기반 방식은 음악의 규칙과 이론을 기반으로 문제를 해결하는 방식이다. 이 방식은 기존 음악이 갖는 규칙을 명확하게 반영할 수 있는 장점이 있다. 하지만 이러한 시스템을 설계하기 위해서는 높은 수준의 음악적 지식이 요구되므로, 구현 과정이 복잡하고 많은 시간과 노력이 필요하다.

두 번째로 진화 알고리즘은 생물학적 진화에 바탕을 둔 방식으로 재생산과 진화 등의 과정을 반복하면서 최대한 자연스럽게 자동 작곡 결과물까지 도달하기 위해 사용된다.

세 번째로 셀룰러 오토마타 방식은 음악적 지식에 의존하지 않고 새로운 음악 자료를 생성한다. 이런 경우 생성된 음악이 자연스럽지 못하기 때문에 단순한 창작의 재료로 사용된다(Fernandez & Vico, 2013).

마지막으로 기계 학습 방식은 데이터를 바탕으로 학습하여 패턴을 인식하고 이를 기반으로 새로운 음악을 생성하는 방법이다. 이 방식에는 마르코프 체인과 인공 신경망 방식(artificial neural network: ANN)과 같은 기술이 포함된다. 최근에는 딥 러닝(deep learning) 기술이 발전하면서 보다 정교한 신경망 모델을 활용한 음악 생성이 이루어지고 있다.

딥 러닝 모델에는 컨볼루셔널 신경망(convolutional neural network: CNN), 순환 신경망(recurrent neural network: RNN), 그리고 생성적 적대 신경망(generative adversarial network: GAN) 등이 포함되며, 개발자의 목적에 따라 다양한 신경망이 조합되어 사용되기도 한다. 이와 같이 AI 기반 작곡 방식은 각기 다른 접근 방식을 가지고 있으며, 음악적 목표와 활용 목적에 따라 다양한 방식으로 적용될 수 있다.

지금까지 언급한 알고리즘 방식이 생성 음악을 구현

하는 모든 방식은 아니다. 알고리즘의 분류와 활용 방식은 방법과 관점에 따라 달라질 수 있으며, 앞으로도 더욱 다양하게 적용될 것이다(이정민, 2021). 특히 AI 기술이 발전하면서 조성이나 화음, 선율 등의 음악적 요소를 보다 정교하고 구체적으로 설계할 수 있는 가능성이 열렸다. 기존 음악의 규칙을 AI가 학습하고, 이를 기반으로 새로운 음악을 생성하는 방식은 앞으로 더욱 고도화될 것이다.

참고문헌

곽현규(2017). 황금분할과 피보나치수열을 활용한 초등음악과 '음악 만들기' 활동 수업자료 개발. ≪음악교육공학≫, 32, 151-166쪽.

노영해(2004). 알고리즘 컴퓨터 음악의 역사와 유형. ≪음악연구≫, 32, 137-160쪽.

오희숙(2004). 『20세기 음악 1: 역사, 미학』. 심설당.

이정민(2021). 인공지능과 작곡: 알고리즘 작곡부터 딥 러닝을 사용한 작곡까지. 오희숙 외 엮음, 『디지털 혁명과 음악: 유튜브, 매시업, 그리고 인공지능의 미학』. 모노폴리.

최영신(2023). 행위자 네트워크 이론(Actor Network Theory)을 적용한 생성 음악(Generative Music)에 관한 연구. 상명대학교 박사학위논문.

Collins, N.(2008). The analysis of generative music programs. *Organised Sound*, 13(3), pp.237-248.

Fernandez, J. D. & Vico, F.(2013). AI methods in algorithmic composition: A comprehensive survey. *Journal of Artificial*

Intelligence Research, 48, pp.513–582.

Nierhaus, G.(2009). *Algorithmic composition: Paradigms of automated music generation.* Springer Science & Business Media.

Todd, P. M.(1989). A connectionist approach to algorithmic composition. *Computer Music Journal*, 13(4), pp.27–43.

07
생성형 AI 작곡 프로그램

생성형 AI 작곡 프로그램을 활용하면 음악적 전문성이 없어도 누구나 자신의 예술적 감각을 바탕으로 음악을 창작할 수 있다. 개발자마다 다양한 알고리즘을 적용해 여러 모양의 생성형 AI 작곡 프로그램을 개발하고 있으며, 알고리즘 방식의 확장과 발전에 따라 프로그램의 목적과 작곡 방식 또한 변화하고 있다.

AI와 윤동주?

생성형 AI 작곡 프로그램의 목적

생성형 AI 작곡 프로그램은 목적에 따라 두 가지 방향으로 개발이 진행된다. 프로그램 스스로 음악을 만들어서 앨범을 발매하거나 직접 연주하는 방식과, 프로그램을 통해 사용자들이 자유롭게 창작하거나 생성된 음악을 이용할 수 있게 만드는 방식이다. 전자는 프로그램이 인간과 동등한 작곡 주체로서 얼마나 인간이 만든 음악과 같은지가 중요한 평가 요소가 된다. 하지만 후자는 사용자들의 개별적 창의성을 인정하여 프로그램 안에서 어떻게 발휘되고 어떻게 활용할 수 있는지가 중요한 평가 요소가 된다.

먼저 데이비드 코프(David Cope)는 기존 음악 스타일을 분석하고 이를 바탕으로 유사한 스타일의 음악을 생성하는 알고리즘을 개발했다. 1987년 선보인 에미(Emmy)를 비롯해 2003년 에밀리 하월(Emily Howell)을 통해 점차 향상된 프로그램을 선보였다. 바흐, 브람스, 쇼팽, 모차르트 등의 스타일을 분석해 유사한 음악을 생성하고 이를 기반으로 앨범을 발매했다(Cope, 1991). 이때 만들어진 음악은 사람이 실제 연주하기에는 역부족이어서 스스로 연주하는 피아노 '디스크라비에(Disklavier)'의 도움을 받아야만 연주가 가능했다.

2010년 스페인 말라가대학교에서 유전 알고리즘 방식을 이용해 만든 이아무스(Iamus)의 곡을 실제 런던 심포니 오케스트라가 연주해 앨범으로 발매했는데, 대중의 긍정적 평가를 받았다(Ball, 2012). 2012년 소니 컴퓨터과학연구소에서는 플로 머신즈(Flow Machines)를 선보였다. 클래식 곡을 선보이는 다른 프로그램과 달리 팝과 재즈를 중심으로 악보를 학습해, 비틀스나 듀크 엘링턴 스타일의 곡을 모아 앨범으로 발매하기도 했다.

2015년 미국의 도냐 퀵(Donya Quick)이 개발한 쿨리타(Kulitta)는 클래식 음악을 중심으로 바흐 스타일의 곡을 만들었다. 2020년 국내에서 개발한 이봄(Evom)은 진화 알고리즘을 활용해 음악 데이터를 학습하고 이를 바탕으로 특징을 추출해 음악을 생성하는 방식으로 작동한다. 기존 알고리즘 방식과의 차별점은 인간 가수와 협업해 대중음악 앨범을 발매했다는 것이다. 이러한 프로그램은 기존 음악의 규칙성과 특징을 학습해 음악을 생성하므로 일반 사용자가 쉽게 접근하기 어렵다.

반대로 2014년 앰퍼 뮤직(Amper Music)은 사용자가 장르와 길이만 선택하면 되는 프로그램을 제공하면서 앞의 사례와 달리 사용자의 상업적 활용을 요구한다. 2016년 벨기에에서 만든 아이바(AIVA)는 바흐, 베토벤,

모차르트 등 유명 클래식 작곡가의 오케스트라 6만 곡을 학습한 프로그램이다. 나름의 작곡 이론을 정립한 해당 프로그램은 사용자에게 다양한 장르와 악기를 선택할 수 있도록 했다.

2017년 국내 포자랩스(Pozalabs)는 딥 러닝 방식으로 기존 음악을 학습해 다양한 장르의 배경 음악을 생성하는 프로그램을 개발했다. 사용자에게 완성된 음악을 제공하여, 다양한 콘텐츠를 활용할 수 있도록 서비스를 제공하고 있다. 2018년 아마데우스 코드(Amadeus Code) 역시 주어진 비트에 사용자가 탑 라인이라고 부르는 멜로디를 만들 수 있으며, 2019년 아마존의 AWS 딥컴포저(DeepComposer)는 샘플 음원이 소프트웨어 프로그램으로 제공되어, 자유자재로 음악을 창작할 수 있는 프로그램이다.

2019년 오픈AI(OpenAI)에서 개발한 주크박스(Jukebox)는 기존 프로그램과 달리 오디오 음원을 직접 데이터로 활용해 학습하는 방식을 도입했다. 악기의 음색과 가사 학습을 통해 음악을 생성한다는 특징이 있으며, 가사를 학습하기 위해 음악 학습 모델뿐만 아니라 언어 모델을 개발했다. 2023년 말 등장한 수노(Suno)와 2024년 구글 연구원 출신들이 개발한 유디오(Udio)는 기존 프로그램과 달리 프롬프트 입력만으로 악기, 보컬, 가사까지 포함한 음악을 생성하는 플랫폼을 제공했다. 프로그램 안에서 주어진 정보를 이용하여 창작하는 것이 아닌 음악과 전혀 다른 언어의 입력만으로 사용자 필요에 맞는 음악을 창작하는 것이다.

생성형 AI 작곡 프로그램은 개발자의 목적에 따라 다양한 방향으로 발전하고 있다. 컴퓨터 기술의 고도화로 대량의 정보를 빠르고 정확하게 처리할 수 있게 되었으며, 그에 따라 AI 작곡 기술도 더욱 빠르게 발전할 것이다. 특히 최근에는 사용자의 개별적인 요구를 실시간으로 반영해 새로운 음악적 경험을 제공하는 방향으로 발전이 이루어지고 있다(Mullen, 2022). 따라서 AI가 인간과 똑같은 음악을 만들고자 하는 방식이 아닌 인간의 창작을 도와주고자 하는 방식, 이를 통해 함께 발전하는 방식으로 나아가야 한다.

생성형 AI 작곡 프로그램 활용

과거 AI 작곡 시스템은 주로 연구나 실험 용도로 개발되었으며, 대중에게 상용화되지 않는 경우가 많았다. 그러나 최근에는 AI 작곡 시스템이 대중에게 직접 제공되면서 새로운 창작 환경을 조성하는 방향으로 나아가고 있다. 생성형 AI를 통해 누구나 자신의 취향과 필요에 맞춰 음악을 창작할 수 있으며 이 과정은 비교적 간단하여 편리하고 직관적인 사용자 경험을 제공한다. 또한 프로그램마다 사용자가 개입할 수 있는 요소와 활용 범위가 다르게 설정되어 있어 개별적 선호에 따라 다양한 선택이 가능하다.

간단한 입력만으로 작곡할 수 있는 생성형 AI 프로그램은 사용자가 본인의 선호와 감정에 따라 장르, 분위기, 길이, 악기, 심지어 멜로디와 코드 등을 선택해 음악을 맞춤형으로 생성할 수 있다. 개인의 음악적 전문성과 상관없이 프로그램을 이용하는 모두가 예술적 감각을 동원하여 음악을 창작할 수 있는 것이다. 취향에 맞는 음악이 생성되면 음악을 선택해 악기 음색이나 구성, 화성과 멜로디 등을 변경하거나 다른 미디 파일을 추가하여 사용자가 직접 재가공할 수 있는 기능을 제공한다. 경우에 따라 음악적 요소 일부만을 이용하기도 한다. 최종적으로 완성된 음악은 음악 자체를 소셜 미디어에 공유하거나 사진이나 영상 콘텐츠에 삽입해 그 활용도를 높인다. 프로그램은 자신이 소유하고 있는 동영상과 오디오 음원을 함께 이용할 수 있도록 제공하고, 구성할 수 있는 악기의 범위도 다양하다. 또 코드 진행과 멜로

디를 세부적으로 수정할 수 있는 등 프로그램별로 특징과 이점이 각각 다르다.

생성형 AI 기술은 인간의 창작 방식에 활용되어 일정 수준의 성과를 보이고 있으며, 급속도로 발전하고 있다. 그러나 방대한 데이터 학습을 기반으로 하는 AI 기술은 음악이 가지고 있는 감성과 창의성 침해, 학습 과정에서 이용되는 기존 음악 데이터의 저작권 문제, 그리고 활용 단계에서 발생하는 윤리적 · 제도적 쟁점 등이 함께 드러나고 있다. 그럼에도 생성형 AI 작곡 프로그램의 이점과 인간과의 협업 가능성은 분명히 존재한다. 이 발전 가능성을 어떻게 활용할 것인지는 결국 우리에게 달렸다.

참고문헌

최영신(2023). 행위자 네트워크 이론(Actor Network Theory)을 적용한 생성 음악(Generative Music)에 관한 연구. 상명대학교 박사학위논문.

포자랩스. https://pozalabs.com

AIVA. https://www.aiva.ai

Amadeus code. https://amadeuscode.com/app/en

Amper Music. https://coolai.app/ko/amper-music

Ball, P.(2012). The Guardian, https://www.theguardian.com/music/2012/jul/01/iamus-computer-composes-classical-music

Cope, D.(1991). *Computers and musical style*, 6. Oxford: Oxford

University Press.
Deepcomposer. https://aws.amazon.com/ko/deepcomposer
Flow Machines. https://www.flow-machines.com
Jukebox. https://openai.com/blog/jukebox
Kulitta. https://www.donyaquick.com/kulitta
Mullen, M.(2022.5.23). Aimi is the generative music platform using AI to reimagine how we listen to and produce electronic music, https://www.musicradar.com/news/aimi-interview
Suno. https://www.mureka.ai
Udio. https://www.udio.com

08
생성형 AI 음악의 창작

초기 생성형 AI 작곡 프로그램은 주어진 음악적 요소를 선택하여 음악을 생성하는 방식이었으나 이제는 사용자가 원하는 정보를 텍스트로 입력하는 프롬프트 방식이 핵심이 되었다. 이를 통해 음악과 관련 없는 문자나 이미지 등의 입력을 통해 음악을 생성해 보다 창의적인 작업이 가능해졌다.

AI와 한의학?

프롬프트를 이용한 창작

생성형 AI 작곡 프로그램은 배경 음악을 중심으로 이미지와 감정, 특정 장르를 선택하여 개인의 취향과 필요에 따라 음악을 생성했다. 하지만 개인의 특수한 상황에 맞춰 창의적 작업을 할 수 있도록 사용자가 원하는 정보를 텍스트로 입력하는 프롬프트 방식이 중요한 흐름으로 자리 잡고 있다.

기존 AI 작곡 프로그램이 음악적 요소를 입력받아 음원 또는 미디 파일을 제공했다면 프롬프트 기반 프로그램은 입력된 언어를 처리하여 음악을 생성하는 방식으로 변화하고 있다. 이 과정에서 텍스트에 내포된 감정과 의미 등을 해석하여 음악을 생성하며, 언어 텍스트뿐만 아니라 이미지 입력을 활용한 음악으로 생성하는 방식도 연구되고 있다.

프롬프트 기반 프로그램은 2023년 구글이 발표한 뮤직엘엠(MusicLM)을 비롯해 메타의 뮤직젠(MusicGen), 영국 스태빌리티 AI의 스테이블 오디오(Stable Audio), 마이크로소프트의 수노(Suno), 구글 연구원 출신들의 유디오(Udio) 등이 있다.

뮤직엘엠은 입력된 텍스트를 기반으로 다양한 스타일의 음악을 생성하며 일부 실험적 기능으로 멜로디 입력을 활용한 생성 방식도 연구되었다. 뮤직젠은 비교적 적은 음악 데이터를 학습하여 기본적으로 30초로 제한되는 한계를 보였으나 이후 2분 이상의 음악을 생성하도록 발전했다. 스테이블 오디오는 텍스트 프롬프트와 기존 오디오 데이터를 활용하여 새로운 음악을 생성할 수 있다. 최근 발표한 수노와 유디오는 기존 AI 작곡 프로그램과 차별화된 방식으로 보컬과 가사까지 포함한 음악을 생성할 수 있다. 이전보다 더 자연스럽고 완성도 높은 음악을 제공하며, AI 작곡 기술이 보다 직관적이고 창의적인 방향으로 나아가고 있음을 보여 준다.

프롬프트 기반의 작곡 프로그램은 각기 다른 품질과 서비스를 제공하며, 사용자 맞춤형 음악 생성이 가능하도록 발전하고 있다. 기존에는 프로그램이 제공하는 제한된 입력값을 활용해야 했지만, 프롬프트를 통해 사용자가 원하는 음악의 장르와 분위기, 상황, 악기 구성과 템포, 보컬 등을 자세하게 입력할 수 있다.

최근에 발표된 생성형 AI 음악 프로그램은 이전보다 더 간편하고 직관적인 방식으로 음악을 제작하고 공유할 수 있도록 설계되었다. 이는 영상 콘텐츠가 중요한 비중을 차지하는 만큼 배경 음악에 대한 수요가 높아졌기 때문이라고 볼 수 있다. 생성형 AI 작곡 프로그램이 음악 창작에 대한 패러다임을 변화시키고 있으며, 대중의 수용에 따라 기술은 더 빠르고 간편하며 높은 완성도의 음악을 제작하는 방향으로 발전하고 있다. 그러나 AI 음악이 대량으로 생산되면 예술적 완성도의 기준이 모호해지고 무분별하게 생성되는 음악에 대중은 피로감과 거부감을 느낄지도 모른다. AI가 창작 과정에서 인간과 어떻게 조화를 이루어야 할지에 대한 논의가 더욱 중요해지는 이유다.

창작의 분업화

음악은 독창적인 아이디어와 개인의 경험, 감성을 바탕으로 작곡과 연주, 가창이 이루어진다. 기존 생성형 AI 작곡 프로그램이 주로 배경 음악에 적합한 연주곡을 생성했다면 최근에는 보컬과 가사까지 포함하여 생성 가능한 음악의 영역을 확장하고 있다.

생성형 AI 보컬 기술은 인간의 목소리를 모방하여 노래를 생성한다. 기존에는 텍스트를 입력하면 음성을 생성하는 텍스트 투 스피치(TTS) 기술이나 음성 변조 기술이 활용되었으나 최근에는 딥 러닝 기반 음성 합성을 통해 보다 자연스럽고 정교한 목소리를 만들어 낸다. 이미 빅히트 뮤직에서는 생성형 AI 보컬 기술을 활용해 5개국어의 발음을 원어민 수준으로 교정하고, 남성 보컬을 여성 보컬로 변환하여 삽입하기도 했다. 또한 AI 보컬을 활용한 가상 아이돌이 등장하며 두터운 팬덤을 형성하기도 한다. 이러한 기술은 대중과의 상호 작용을 강화하고, 시간과 비용을 절감한다. 또한 실제 아이돌이 직면하는 위험 요소를 낮춘다는 측면에서 엔터테인먼트 산업의 비즈니스 모델로 확장하고 있다(송요섭, 2024).

생성형 AI 음성 합성 프로그램은 구글의 타코트론 2(Tacotron 2), 딥마인드의 웨이브넷(WaveNet) 등의 모델을 기반으로 발전하고 있다. 또한 소리소리AI, 뮤직파이(Musicfy) 등과 같은 플랫폼은 특정 가수의 목소리를 학습하거나 변환하는 기능을 제공하여 사용자가 원하는 가수의 음성을 재현할 수 있다.

한편 인간 창작자가 만든 음악은 음향적인 완성도를 높이기 위해 믹싱(mixing)과 마스터링(mastering) 과정을 거친다. AI 기반 믹싱, 마스터링 프로그램은 아이조톱(iZotope), 소니블(Sonible), 오엑사운드(Oeksound), 랜드(LANDR) 등에서 개발하여 제공하고 있다. 현재 AI 믹싱, 마스터링 기술은 비전문가도 일정 수준의 결과물을 얻을 수 있도록 도와준다. 믹싱의 경우 복잡한 조정이 필요한 프로 수준의 작업에서는 여전히 인간 엔지니어의 역할이 중요하다(김용현, 2024). 이 분야의 연구와 개발은 아직 초기 단계지만, 미래에는 음악 창작에 점점 더 큰 영향을 미칠 것으로 보인다.

음악이 음원으로 유통되기 전 단계인 마스터링은 AI 기반 플랫폼이나 소프트웨어로 제공되기도 한다. AI 마스터링과 인간 엔지니어의 마스터링을 비교한 청취 실험에서는 두 방식 간의 뚜렷한 선호 차이가 나타나지 않았다. 이는 AI가 마스터링 과정에서 인간 엔지니어를 대체할 가능성을 시사한다(허동혁 · 박재록, 2021).

AI 기술이 도입되면서, 음악 제작 과정에서 인간이 담당하던 역할을 하나씩 대체하고 있다. 그러나 AI가 인간의 조작 없이 스스로 음악을 창작하는 경우는 없으며, 여전히 일부 과정에서는 인간의 개입이 필요하다. 시간과 비용 절감이라는 효율성 측면에서 AI 음악 관련 프로그램은 지속적으로 개발되며, 앞으로도 새로운 기술이 등장할 것으로 보인다. 그러나 AI를 활용한 무분별한 음악 생성과 비윤리적인 사용은 반드시 경계해야 한다.

참고문헌

김용현(2024). 음악 믹싱 작업에서 인공지능과의 협업에 관한 연구: 뉴트론4 사용을 중심으로. 상명대학교 석사학위논문.

송요섭(2024). 음악산업 AI 활용 현황과 쟁점. ≪KOCCA포커스≫, 167호. 한국콘텐츠진흥원.

허동혁 · 박재록(2021). 인공지능과 인간 전문가의 오디오 마스터링 비교 연구. ≪한국엔터테인먼트산업학회논문지≫, 15(3), 41-50쪽.

Stassen, M.(2023.5.15). HYBE just released a K-pop track sung in six different languages using AI voice technology. *Music Business Worldwide*, https://www.musicbusinessworldwide.com/hybe-just-released-a-k-pop-track-sung-in-six-different-languages-using-ai-voice-technology/?utm_source=chatgpt.com

09
생성형 AI 음악의 유통과 소비

플랫폼과 애플리케이션은 생성형 AI 음악 유통의 핵심이다. 이를 통해 대중이 적극적으로 음악을 변형하고 공유할 수 있는 환경이 조성되었다. 음악을 향유하고 전유하는 방식도 다양해지고 있다. 이러한 변화는 음악을 소비하는 방식에 변화를 주었다.

AI와 화장품?

생성형 AI 음악과 프로그램의 유통

음악은 과거 소수만이 창작하고 향유할 수 있었으나, 기술의 발전은 이런 음악의 소비 방식을 바꾸어 놓았다. 언제 어디서든 누구나 감상할 수 있게 되었다. 특히 스트리밍 서비스의 등장으로 음악은 소유의 개념에서 벗어나 임대하는 형태로 변화했다. 그러나 개인이 자신의 취향에 맞춰 음악을 창작할 수 있는 AI 시스템이 등장하면서, 다시금 음악을 소유하는 방향으로 변화하고 있다. 대중의 선택이 음악의 생산 방식에서 중요한 요소가 되면서, 음악 소비가 곧 음악 생산의 일부가 되었다.

초창기 작곡가들이 작곡한 음악은 인간 연주자의 연주를 목적으로 했으며, 공연장에서 감상하는 방식으로 유통되어 향유되었다. 이후 매체의 발달로 악보를 통한 유통이 가능해졌으며, 카세트테이프, CD, LP 등의 매체를 거쳐 디지털 음원에 이르기까지 다양한 방식으로 음악이 소비되었다.

AI 작곡 프로그램의 등장 이후, 음악의 생성과 유통 방식에도 변화가 나타났다. 데이비드 코프(David Cope)의 에밀리 하월(Emily Howell)은 인간 연주자가 연주할 수 없는 음과 구성 방식으로 음악을 생성해 기계 피아노를 통해 연주했다. 도나 퀵(Donna Quick)의 이아무스

(Iamus)는 기존 음악과 유사하게 오케스트라와 연주자들에 의해 공연장에서 연주되는 방식으로 유통되었다.

하지만 생성형 AI 작곡 프로그램은 대중이 쉽게 접근할 수 있도록 디지털 매체인 플랫폼이나 애플리케이션을 통해 유통된다. 이러한 플랫폼은 디지털 환경을 이용하는 누구에게나 개방되어 있으며, 공급자와 소비자 모두에게 경제적인 도구로 작용한다. 따라서 기존에 일부 대기업의 비즈니스 모델로 운영되던 플랫폼은 AI 음악 유통 과정에서 핵심적인 역할을 하게 되었다.

생성형 AI 작곡 프로그램은 사용자가 언제 어디서든 쉽게 이용할 수 있도록 다양한 플랫폼과 애플리케이션에 등록되어 제공된다. 이 과정에서 AI 프로그램은 무료 또는 유료 서비스 형태로 제공되며, 음악이 필요한 사용자가 손쉽게 접근할 수 있도록 설계된다.

AI 음악 시장이 성장함에 따라 AI 작곡 프로그램 또한 지속적으로 개발·유통되며 그 종류가 더욱 다양해지고 있다. 그러나 프로그램을 통해 생성된 음악의 완성도가 낮거나, 사용자 경험(user experience: UX)이 불편하다는 평가를 받는다면 해당 프로그램은 시장에서 도태될 가능성이 높다. 결국 생성형 AI 작곡 프로그램이 지속적으로 발전하기 위해서는 음악의 품질 향상과 사용자 편의성을 고려한 설계가 필수적이다.

그렇다면 플랫폼을 통해 유통된 프로그램을 사용하여 만든 음악은 어떻게 유통되는가? 생성형 AI 프로그램을 통해 작곡된 음악은 기존 음악 산업의 유통 방식을 따르면서도, AI가 가진 특수성으로 인해 새로운 유통 모델을 만들어 간다. 현재 AI 음악은 스포티파이(Spotify), 애플뮤직(Apple Music), 유튜브뮤직(YouTube Music) 등의 스트리밍 플랫폼을 통해 유통되며, AI 음악 전용 플랫폼 등에서 직접 창작하고 배포하는 사례도 늘어나고 있다.

또한 NFT(non-fungible token: 대체 불가능한 토큰) 및 블록체인 기술과 결합하여 희소성을 부여하고, 유튜브, 틱톡 등 소셜 미디어를 통해 빠르게 확산하기도 한다. 특히 게임 · 광고 등의 미디어 산업에서는 AI 음악이 배경 음악으로 활용되는 사례가 늘고 있다. 이러한 변화는 AI 음악이 단순한 창작 도구를 넘어, 새로운 방식의 음악 소비 및 유통 모델을 구축해 가고 있음을 시사한다.

생성형 AI 음악과 프로그램 향유

생성형 AI 음악 프로그램의 발전은 음악의 향유 방식을 근본적으로 변화시키고 있다. 기존의 음악 감상이 특정 곡을 선택하여 듣는 수동적인 형태였다면, 생성형 AI 음악은 사용자의 감정과 필요에 따라 바로 생성되는 맞춤형 음악 형태로 변화하고 있다. AI가 실시간으로 데이터를 분석해 상황에 적합한 음악을 자동으로 생성 · 제공함으로써, 음악 소비는 더욱 즉각적이고 개인화된 방식으로 이루어지고 있다.

또한 대중적 소비에서 개인 맞춤형으로 변화하며, 창작과 향유의 경계를 허물고 있다. 시스템의 단순한 작동 방식을 통해 대중은 작품을 생산하는 주체로 변화했으며, 자신만의 감성을 표현할 수 있는 주체가 되었다. 수정이나 변경 기능을 통해 작품을 더욱 능동적으로 창작하고, 소유할 수 있게 된 것이다. 과거에는 작곡이 전문적인 기술을 요구하는 영역이었지만, 생성형 AI 음악 프로그램의 발전으로 누구나 손쉽게 음악을 제작할 수 있게 되면서, 비전문가들도 직접 창작 과정에 참여하는 사례가 증가하고 있다. 이를 통해 음악 소비자는 단순한 감상의 주체에서 벗어나 창작 주체로 그 역할이 확장된 것이다.

생성 음악은 주어진 시스템을 통해 다양하게 변주가 가능한 특성상 자신이 소유하는 것에 대해 특별한 가치를 갖게 된다. 자신의 작품에 유일성을 부여해 작품의 가치화를 가능하게 했고, 그에 따른 희소성은 다양한 콘텐츠에 활용되어 다른 가치를 인정받을 수 있게 된다. 즉, 개인적 소유 방식에서 디지털 환경 속에서 자기를 표현하는 향유와 공유의 수단으로 변화했다.

마지막으로 생성형 AI 음악은 다양한 기술과 디지털 환경과 결합해 감각적 경험을 제공하고 있다. 사용자의 행동이나 주변 환경에 따라 실시간으로 변화하는 음악이 생성되어 기존의 정적인 감상 방식과는 달리 몰입형 경험 방식이 가능해지고 있다. 이러한 기술은 향후 다양한 영역에서 활용될 전망이다.

더 나아가, 생성형 AI 음악의 발전은 음악 감상의 개념을 소유에서 실시간 생성과 소비로 확장하고 있다. 사용자는 특정 곡을 보유하거나 구매하는 것이 아니라, 필요할 때마다 생성형 AI 작곡 프로그램을 활용할 것이다. 이에 따라 생성형 AI 음악 소비는 구독형 서비스 모델과 결합하는 방향으로 발전할 것이다.

참고문헌

최영신(2023). 행위자 네트워크 이론(Actor Network Theory)을 적용한 생성 음악(Generative Music)에 관한 연구. 상명대학교 박사학위논문.

10
생성형 AI 음악과 인간

생성형 AI 음악이 변화시킨 창작 환경에서는 창작의 의미와 역할을 새롭게 이해해야 한다. 기술의 개발과 활용 방안에 대한 명확한 방향성을 설정하고, 인간과 기술의 역할을 분명히 정의해야 한다. 또한 긴밀한 상호 작용을 바탕으로 효과적인 협업을 위한 실증적 연구와 논의를 진행해야 한다.

종교와 AI?

생성형 AI 음악에 대한 쟁점

생성형 AI 기술의 발전은 음악 창작 환경을 변화시키며, 창작의 의미와 역할에 대한 새로운 접근을 요구하고 있다. 기술의 변화에 따라 창작 방식이 변화하고 창작의 주체가 확대되면서 생성형 AI 작곡 프로그램이 개발되고 있다. 이러한 생성 음악 시스템은 디지털 환경 속에서 모든 것이 저장되고 공유되는 특성과 누구나 데이터를 변형하고 활용할 수 있는 문화적 배경을 기반으로 발전하고 있다. 디지털 네트워크 환경이 세계적으로 확산됨에 따라 이제 누구나 창작자가 되어 음악을 만들고 소비할 수 있는 시대가 도래했다.

그러나 이런 편리성 이면에는 여러 가지 문제점도 존재한다. 첫째, 음악 산업에서 인간 창작자의 역할이 축소될 가능성이 있다. 가벼운 음악에 대한 수요가 높아지면서 빠르고 간편한 생성형 AI 음악 프로그램을 이용할 가능성이 높다. 이는 창작자들의 경제적 기반을 약화하고, 전통적인 음악 창작의 가치가 감소하는 결과를 초래할 수 있다.

둘째, AI가 학습하는 데이터의 저작권 문제가 제기된다. 기존 음악을 학습하면서 원저작자의 스타일을 무단으로 모방하거나, 저작권을 침해하는 사례가 증가하고 있다. 일부 개발자는 자체적으로 소속 작곡가의 음악을 통해 학습 데이터를 마련하고 있지만, 이 역시 문제를 안고 있다. 이에 따라 생성형 AI 음악의 법적 · 윤리적 기준을 명확히 정립할 필요가 있다.

셋째, 음악의 개성과 창의성이 감소할 수 있다. 음악은 감성적이고 독창적인 힘을 가지고 있어서 인간의 감정을 자극한다. 그에 반해 생성형 AI 음악은 인간의 개성이 드러나기 쉽지 않고 음악이 획일화 · 정형화되는 결과를 가져올 수 있다. 이와 관련하여 미국의 심리학자 미하이 칙센트미하이(Mihaly Csikszentmihalyi)는 창의적 아이디어는 개인의 머리에서 나오는 것이 아니라 여러 조건이 함께 작용하는 상호 작용의 결과라고 설명한다(Csikszentmihalyi, 2014).

작곡자나 개발자는 생성형 AI 작곡 프로그램을 통해 보다 쉽게 창작할 수 있는 환경을 조성했고, 이는 새로운 형태의 창작 가능성을 제시했다. 그러나 음악적 · 예술적 감수성이 우연적 결과물로만 나타나는 데는 한계가 있으며, 여전히 인간의 창의적 개입이 필요하다. 생성된 음악은 재창작을 통해 개인의 창의성을 반영할 수 있으며, 이를 통해 음악적 창의성을 존중하는 방향으로 활용될 수 있다.

창의적 결과물이란 단순히 새롭고 독창적이라는 이유만으로 가치가 부여되는 것이 아니다. 사회 · 문화적 맥락 속에서 인정받고 실현 가능성을 갖출 때 창의성이 의미를 갖는다. 생성형 AI 음악 시스템은 예상치 못한 독창적인 결과물을 만들어 낼 수 있지만, 사회적 · 문화적으로 받아들여지지 않는다면 단순한 기계적 산출물에 불과할 것이다. 따라서 인간의 창의적 개입이 필수적이며, 이는 기존의 작곡 방식에서 벗어나 AI 시스템을 설계하고 활용하는 과정에서 새로운 표현 방식을 찾아내는 형태로 나타난다.

생성형 AI 작곡 시스템은 이미 존재하는 음악을 학습하고 분석하는 과정에서 예상치 못했던 새로운 규칙을 발견하며, 이를 통해 다양한 조합의 음악을 만들어 낸다. 이러한 과정에서 기존의 음악적 틀을 뛰어넘는, 오히려 그로 인해 새로운 창의성이 발현될 가능성도 존재한다. 이러한 변화는 생성형 AI 음악이 단순한 도구를 넘어, 음악 창작과 소비의 새로운 패러다임을 형성하고 있음을 시사한다. 그러나 AI 음악이 지속 가능한 방향으로 발전하기 위해서는 기술과 창작의 신중한 논의와 적절한 규제가 필수적이다.

생성형 AI와 인간의 역할과 의미

생성형 AI 기술의 발전은 창작의 개념을 근본적으로 바꾸고 있다. 과거 창작은 특정 전문가의 영역이었으나, AI가 누구나 쉽게 음악을 작곡할 수 있도록 하면서 창작의 대중화를 견인하고 있다. 이 과정에서 창작자의 역할이 기존의 작곡자에서 기술 개발자로 이동하며 단순한 보조 도구를 넘어 새로운 창작 주체로 자리 잡고 있다.

기술이 발전함에 따라 AI 작곡 시스템은 점점 더 정교해지고 있으며, 인간의 개입 없이도 독창적인 음악을 생성할 수 있는 수준으로 나아가고 있다. 특히 생성형 AI 작곡 시스템은 기존 음악을 학습하여 새로운 패턴을 스스로 발견하고, 독창적인 조합을 생성하는 방식으로 발전하고 있다. 하지만 이러한 기술적 변화는 창작의 본질적인 의미와 인간의 역할에 대한 재고를 요구한다.

AI가 창작을 수행하는 시대에 인간은 AI의 창작 방향을 설정하고, AI가 생성한 음악을 조정하는 기획자의 역할이 강조된다. 생성형 AI가 갖는 창발성으로 수만 가지의 음악을 만들 수 있지만, 음악이 제대로 사용되고 활용되기 위해서는 인간의 선택과 의도가 불가피하다.

생성형 AI는 인간이 상상하지 못한 방식으로 음악을 생성한다. 하지만 창작 과정에서 감성적인 해석과 예술적 감각은 여전히 인간의 몫이다. AI가 제시하는 다양한 음악적 결과물을 인간이 조율하고 편집하면서 새로운 창의성을 이끄는 협업 모델이 중요해질 것이다.

과거 작곡자가 선율과 화성을 창작하는 역할을 했다면, 이제 인간은 생성형 AI를 활용하여 창작하는 설계자로 변화하고 있다. 프롬프트를 잘 작성하여 원하는 음악을 생성하게 하는 능력, 즉 생성형 AI를 활용하는 능력이 곧 창작자의 중요한 역량이 되는 시대가 되었다.

도구를 만들어 사용하는 인간이라는 뜻의 호모 파베르(Homo Faber)는 인간이 스스로 도구를 개발하고 활용하면서 문명을 발전시켜 왔음을 강조하는 학명이다. 그러나 호모 파베르의 역설은 인간이 만든 기술이 다시 인간을 변화시키고, 때로는 인간의 역할을 약화하거나 새로운 방향으로 전환한다는 점을 지적한다. 하지만 AI 기술의 발전은 바로 이 역설을 증명하고 있다. 인간이 AI라는 창작 도구를 개발했지만, 이제 AI가 창작의 주체로 자리 잡으면서 인간 창작자의 역할이 변화하거나 축소되는 현상이 발생하고 있다. 이는 단순한 기술 발전이 아니라 기술과 인간의 관계가 재구성되는 과정이라고 볼 수 있다(손화철, 2020).

호모 파베르의 역설을 통해, 우리는 AI 기술이 인간 창작자의 역할을 단순히 대체하는 것이 아니라 창작의 방식과 의미를 새롭게 정의하는 과정에 있음을 알아야 한다. AI가 급속도로 발전하면서 기술과 예술, 인간과의 경계가 더욱 흐려지고 있다. 우리는 더 이상 인간이 만든 음악과 AI가 만든 음악을 이분법적으로 구분하면 안 되는 시대에 접어들었다. 중요한 것은 AI가 인간을 대체하는 것이 아니라 인간과 AI가 협력하여 새로운 창작 방식을 만들어 가는 것이다.

과거부터 인간은 도구를 만들어 사용하며, 그 도구를 통해 삶의 방식을 변화시켜 왔다. 이제 AI는 단순한 보조적 도구를 넘어 창작 과정의 핵심 요소로 자리 잡고 있으며, 이에 따라 인간 창작자의 역할도 변화하고 있다. AI 기술이 더욱 발전하면서, 기술과 인간이 어떻게 협력할지에 대한 깊이 있는 논의가 필요하다.

호모 파베르의 역설이 보여 주듯, 기술과 인간은 서로 영향을 주고받으며 공진화한다. 생성형 AI는 단순한 음악 생성 도구가 아니라 인간과 AI가 협력하여 새로운 예술적 경험을 창출하는 매개체가 되어야 한다. AI와 인간이 공존하는 음악 창작의 미래를 위해, 우리는 기술과 예술, 인간과 기계의 관계를 계속해서 탐구해야 할 것이다.

참고문헌

손화철(2020). 『호모 파베르의 미래』. 아카넷.

최영신(2023). 행위자 네트워크 이론(Actor Network Theory)을 적용한 생성 음악(Generative Music)에 관한 연구. 상명대학교 박사학위논문.

Boden, M. A.(2004). *The creative mind: Myths and mechanisms.* Routledge. 고빛샘 외 옮김(2010). 『창조의 순간 새로움은 어떻게 탄생하는가』. 21세기북스.

Csikszentmihalyi, M.(2014). Society, culture, and person: A systems view of creativity. *The Systems Model of Creativity Springer*, pp.47-61.

최영신

경민대학교 실용음악과 겸임교수이자 상명대학교 문화기술대학원 강사, 아트앤피플컴퍼니 대표다. 동아방송예술대학교 실용음악과를 졸업하고 상명대학교 문화기술대학원에서 뮤직테크놀로지 석사학위, 상명대학교 뮤직테크놀로지학과에서 박사학위를 받았다. 대중음악을 기반으로 여러 장르의 결합과 확장을 시도하는 작곡자이자 피아노 연주자이며, 예술과 기술을 중심으로 다학제 연구를 하는 연구자이기도 하다. 주요 저서로 『체계적으로 배우는 실용화성학』(2023)이 있으며, 주요 논문으로는 "생성형 인공지능과 대중음악 산업 구조 변화"(2024), "음악과 미술의 구조적 특성과 표현 기법의 상호성 연구"(2020), "공감각 예술표현의 미학적 가치: 음악의 시각적 표현을 중심으로"(2019), "Artificial intelligence composition system applying the translation process of actor network theory"(2023) 등이 있다.